红色记忆® 3

回忆皖南事变的严峻日子

海南省文化交流促进会　编

南海出版公司

2011·海口

图书在版编目（CIP）数据

红色记忆·第1辑·3 / 海南省文化交流促进会编 .
— 海口：南海出版公司，2011.3（2025.1 重印）
ISBN 978-7-5442-5365-9

Ⅰ.①红… Ⅱ.①海… Ⅲ.①革命传统教育—中国—青少年读物 Ⅳ.① D642-49

中国版本图书馆 CIP 数据核字（2011）第 036456 号

HONGSE JIYI · DI 1 JI · 3
红色记忆·第1辑·3

作　　者　海南省文化交流促进会
总 策 划　刘　栋
顾　　问　贾延岩
执行总编　任在齐　张　桐　张爱国
责任编辑　聂　敏
封面设计　郑广明
排版印务　曾科文
发行总监　杨成春
出版发行　南海出版公司　电话：（0898）66568508　66568511
社　　址　海南省海口市海秀中路 51 号星华大厦五楼　邮编：570206
电子信箱　nhpublishing@163.com
经　　销　新华书店
印　　刷　天津睿意佳彩印刷有限公司
开　　本　787 毫米 ×1092 毫米　1/16
印　　张　6.75
字　　数　100 千字
版　　次　2011 年 3 月第 1 版　2025 年 1 月第 2 次印刷
书　　号　ISBN 978-7-5442-5365-9
定　　价　39.80 元

序

对历史无知的人，没有真正的信仰可言；没有信仰的人，不可能拥有美好的理想，不可能胸怀崇高的情感，也就不可能担负起任何责任。用欲望文化代替历史教育，足以使一个国家的青年被腐蚀、使一个民族的希望被毁掉，使这个国家和民族被永世万代地奴役！

鉴于此，我们呼唤历史，唤回那段属于二十世纪的“红色”历史，唤回那段炮火硝烟、颠沛流离的历史，唤回那冲天的狼烟留下的悲壮回忆、岁月年轮沉淀的斑驳痕迹。历史不应该被忽略，更不应该被遗忘，牢记那段革命战争年代的红色历史更是责任。为了那些不应该被忘却的记忆，为了那些不应该被丢弃的信念，于是就有了这套《红色记忆》丛书。

曾记否，当草鞋与意志丈量出来的两万五千里穿越一个伟大民族五千年的荣辱兴衰，革命的火种被一路播撒、一路点燃。人迹罕至的雪山、荒无人烟的草地被鲜血浸透，衬映出一段光辉的里程；万水千山早已被远远地抛在身后，一轮红日在黄土高原磅礴而起。满目疮痍的河山在1936年10月温暖如春……

曾记否，当生命和鲜血浸染的十几年光阴将一种记忆铭刻进一个伟大民族的历史画卷，革命的火焰从星火到燎原。这栏杆拍遍、易水悲歌般的呼号，这折戟沉沙、慷慨赴义的悲壮，这铁马冰河、枕戈待旦的苦战，这红旗漫卷、所向披靡的豪迈……腔腔热血、铮铮铁骨早已被熔铸成一座不朽的丰碑，中华民族从苦难中百死后生的壮丽诗史凝结成了五星闪耀的红色记忆。

曾记否，中华人民共和国成立以来，又有无数英烈接过前辈用鲜血染红的旗帜，或壮怀激烈戍边卫国，或忠于职守鞠躬尽瘁，或绝甘分少奉献大爱，甘做国家强盛、人民富裕的铺路石，成为和平年代民族复兴的荣光，把人民心中的红色记忆浸染得分外鲜艳，永不褪色。

这红色记忆，是信念不衰、志向不改的崇高气节；这红色记忆，是无私无我、生属苍生的博大胸怀；这红色记忆，是敢为人先、披荆斩棘的拓荒精神；这红色记忆，是中华民族最宝贵的精神财富。它告诫我们，人事有代谢，传承无绝期。缅怀先烈精神，继承先烈遗志，是社会的道德和民族的良心，是后来者须臾不可忘怀的本分。

老一代人把历史的真实交付给我们，我们有责任用真实还原历史，传承给下一代，把那段岁月与现在年轻人的生活连接到一起，使他们眼中的历史变得立体、真实、可靠，让历史成为他们前进的动力。本丛书将那些流动的、随时会飘散在时间天际的事件凝固下来，希望透过这些文字、图片，感受到英雄们那坚定的革命信念，感受到那个年代澎湃的革命激情，真切体会那段“红色历史”。

忘记历史，就意味着背叛。让我们重温历史，缅怀先烈，从中汲取力量，毅然前行。

刘栋

目录

CONTENT

目录

CONTENT

长征回忆

文/邱一涵

邱一涵与儿子袁振威

邱一涵（1907—1956年），女，湖南平江人。原名信贞。1926年加入中国共产主义青年团。1930年参加中国工农红军。同年加入中国共产党。曾任中共万载县委书记、湘赣省委妇女部长、红三军团卫生部中共总支书记。1934年10月参加中央红军长征。后任抗日军政大学副主任教员、中共陇东特委妇女部长、抗大四分校政治部主任、华中军政大学政治系主任、华东军政大学政治部主任。中华人民共和国成立后，任中共南京军区机关党委书记、南京市委组织部部长、江苏省委常委、江苏省监委书记、全国妇联执委。1956年11月2日在南京逝世。

引语：本文作于1951年，刊载于同年7月1日的南京《新华日报》上。本书收录这篇文章（文章略有改动），借以怀念一颗经过革命战争的烈火考验的真正的共产党人的心。

今年的“七一”是我们党建党30周年纪念日。这伟大的三十年是中国革命历史上最光荣最灿烂的诗篇。三十年来，我们党领导全国人民以无比的英勇和毅力战胜了各种困难，打败了国内外的敌人，取得了全国性的胜利。今天来庆祝党的30周年纪念日，是值得全中国人民高兴和感到光荣的。当然，今天的胜利得之不易，它经历了许多艰苦斗争，和革命先烈们的流血牺牲，因此我们不应忘记过去那段艰苦岁月和我们为之付出的众多先烈们。

为了帮助大家回忆我们的党史，我愿意将我曾亲身经历过的长征拿来和大家谈谈。不过，当时我不是做负责工作，因此知道的问题不够全面，只能以谈故事的方式来回忆一下。

长征已经过去十七年了。在长征以前，1931年的时候，中华苏维埃共和国临时中央政府已成立，毛主席就是当时的政府主席。那时中国有四个苏区，即中央苏区、闽浙赣苏区、鄂豫皖苏区、湘赣苏区，还有三个方面军，即红一、红二、红四方面军。红一方面军是由毛主席亲自领导的，二万五千里长征指的就是红一方面军这一路。

自1931年起，国民党向苏区进行了四次“围剿”，每次“围剿”都被我们英勇的红军击溃，还出现整师被我们俘虏的战果。但国民党并不死心，最后又发动了第五次“围剿”，动员了全国能动员的军队，四面筑起碉堡来步步进逼，这是五次“围剿”中规模最大的一次“围剿”。当时国内已遭受了日本帝国主义侵略的严重威胁，东北已经沦陷，全国人民都要求停止内战，一致对外。但国民党仍然疯狂地进行内战，不顾全国人民的利益与国家民族的存亡。为了实现全国抗战，冲破敌人“围剿”，到达抗日前线的目的，我们红一方面军于是从江西瑞金出发，开始了二万五千里的长征。经过了江西、湖南、广东、广西、贵州、云南、四川、西康、甘肃、陕西，从1934年10月开始到1935年11月，到达了陕北根据地和西北红军胜利会师了，时间整整一年零一个月（其他方面军长征路线和到达时间都不同）。

当时红一方面军下面有几个军团，即一军团、三军团、五军团。在长征出发前又临时编了一个军团和一个梯队（由中央直属各机关组成），参加长征的三十名女同志就编在这个梯队里。

我们三十名女同志都是经过挑选的，一般都能做一些工作，都是经过考验的，最少的也有三四年的革命经历，对革命事业都有着奋斗到底和不怕牺牲的决心。因此当组织上宣布要挑选坚强的同志到前方去的时候（当时并不知是长征），大家都认为参加红军去前方是光荣的。组织上曾经告诉我们有很多困难：要走路，没有马骑，并且是晚上行军，还要防空。要自己背东西，要做群众工作。但我们并不以为这些是困难，只是想着如何更好地去完成组织上交给的任务。我们认为光荣的是组织上挑选了我们，就是把我们和男同志一样看待了。我们三十名女同志在长征途中始终没有掉队，到达目的地时仍然是三十个人。

一边行军，一边和敌人战斗

在长征途中，我们经历了许多艰难困苦。首先，要不断和敌人斗争，一边走路，一边要打仗。前面有敌人阻拦，后面有敌人追击，两侧也常有敌人袭击，上面还有飞机轰炸、机枪扫射，我们经常处在四面包围的情况下。为了保存力量，我们避免和敌人正面接触，总是绕道曲折前进，每日里连续行军，很少休息。即使如此，我们还是经常碰到敌人，不断进行战斗。

有一次，我们从天刚放亮就开始行军，到中午已走了八十里路，但仍要前进四十里，因为敌人要占领前进路上的一个市镇，我们必须赶在这之前越过这个镇。当我们赶了四十里的时候，战斗已经开始，我们的部队和敌人接触了。在我们部队的掩护下，我们赶快从火网下面跑过去，虽然子弹咻咻地擦过，但我们并不惊慌，而是沉着迅速地冲过了这个市镇。那时天已黑了，我们又接着走了一夜，到天亮才停下休息。因我们行军迅速，敌人被远远地甩在后面，我们争取到了足够的休息时间。

又有一次，从湖南进入广西，我们正在渡河，敌机来了，飞得很低，不断进行扫射、投弹。有一个炸弹就投在我的身边爆炸了，我被震跌在地上。耳朵震得嗡嗡直响，身上没有受伤，但旁边的马被炸死了。另外也死伤了一些同志，我们把牺牲的同志安葬好，把伤员抬上担架，又继续前进。敌人的暴行并未使我们害怕，反而加剧了我们的仇恨，增大了我们复仇的决心。

每次战斗以后，都有一些伤员下来。我们不愿丢掉一个伤员，用担架抬着他们和我们一道前进。动员民夫抬担架，保证担架安全到达目的地，就成为我们女同志的主要工作之一（当然还有其他同志也作这工作）。

由于连续不断的行军，抬担架的民夫也非常的疲劳。当有些民夫累得不愿走的时候，我们就要想办法说服他们，并帮助解决他们的困难。买烟给他们抽，或者把自己带在身边当中饭的仅有的一茶杯干饭给他们吃，自己就饿着肚子。有时路程太远，有些民夫不愿走的时候，为了不致掉队，有的劳动妇女出身的女同志就抢着去抬担架，民夫受到感动，又接过去继续抬。我们跟着担架走，速度总是比部队慢得多。往往前面部队已到了宿营地，我们还在黑暗里摸索着前进。有时可以点火把照着，有时连火把也不能点，只有摸索前进。每次走路都不知要跌多少跤，尤其在下雨天的晚上，地上泥泞不堪，跌几十跤是常有的事。

我们就这样一边行军一边打仗，不断前进着。但每次我们都能打胜仗，缴获了很多枪支之类的武器，有的人背上背了两三支枪。有时实在太多了不好带走，就把多余的枪支交给当地的游击队，没有游击队就把枪支埋在地下。我们一路走，一路壮大着革命力量。我们的队伍虽有伤亡，但也增加了不少新的力量。

我们懂得革命的道路是艰难曲折的，但前途是光明的，胜利信心始终坚定不移。

和粮食困难作斗争

当我们进入贵州苗、瑶少数民族地区时，发生了粮食困难。而且，长征开始后，困难是越来越多了。就在这时候，组织上调我作三军团卫生部分支书记。

这些少数民族地区，一方面土地很贫瘠，另外由于国民党的歧视与压迫，

红军翻过的夹金山

红军走过的水草地

以及当地群众对共产党的政策不了解，我们未到以前，他们就都逃到山上，把粮食和一切用具也藏到山上去了。

我们在进入少数民族地区前，就在部队里进行了民族政策的教育，了解少数民族的特点，尊重少数民族的风俗习惯。进入少数民族地区后我们就把“通司”（懂得少数民族语言的汉人）找来，讲明我们的政策，后来就有些人从山里回来，主动把粮食送给我们吃。为了保持部队的战斗力和保证顺利地前进，有时我们将无主人在的人家所存的麦子吃了，之后一定会把钱包好放在盛麦子的缸里，并留下字条，写明我们实在别无他法解决粮食问题才吃了他的麦子。

到达草地后，麦子也没有了。虽然我们带了干粮，但最后仍不够吃。没有粮食就吃草，由于有些草有毒，有的战士吃后就牺牲了。经过反复试验，只有一种圆叶子草可以吃，但这种草数量太少也不够大家吃。于是有的战士吃马肉，有的吃皮带、皮鞋底。经过草地的七天七夜，我们没有吃到一点盐和油。

进入甘肃以后，又产生了水的问题，甘肃是高原地区，非常缺水，走很远的路也找不到一点有水的地方。好不容易找到一口井，水也不够大家吃，只能弄一点烧饭，而且多是泥浆水。因此我们只能几天不洗脸、不洗手，忍受着极度的口渴继续行军。

但我们并不以这种生活为苦。我们每个人都有着钢铁般的意志，认识到最后胜利一定属于我们。我们在精神上是很愉快的。在行军时，一边唱歌，一边走路，休息下来就几个人一堆讲故事，说笑话，还有的人就在地上画棋盘下棋。同志们都像一家人一样，并且比自己的亲父母、亲兄弟姊妹还要亲。有困难大家帮，比如有的同志走不动掉队了，就一定有同志陪他走，帮他背东西，鼓励他慢慢赶上去；有同志生病了也一样有人照顾他，使他感到安慰。因此，在这样一个温暖亲切的大家庭里，谁也没有想到要离开，也没有一个人开小差。虽然吃黑麦子，吃草，吃皮带，在平常看起来这是难以忍受的痛苦，但当时我们并不以为苦，这一切都是因为我们是共产党领导的武装，是有着崇高的理想和阶级觉悟的战士。

和自然界作斗争

我们除了和敌人作斗争，和粮食作斗争外，还要与自然界作斗争。因为要绕过敌人的包围，所以不能顺着大路走，只有沿着曲折小道前进，经过天险要道，崇山峻岭，从没有人烟的高山、草地中走出一条路来，英勇地坚强地和自然界斗争。

1935 年 6 月，我们通过最高的雪山——夹金山，这座山上下共一百二十里路程。山顶奇寒，终年积雪，空气稀薄。这座山是很少有人走的，我们过山以前，因为已经有了前面部队的经验，因此在山下休息时做了准备工作：向部队做动员工作，说明山有多高，要注意多穿衣服，要带点生姜或辣椒。在山顶不能休息，否则一坐下来就站不起来了，就会被冻死在那里。一切准备好了，我们才开始上山。山上有路，而且比较宽。走到半山时，因空气稀薄，呼吸短促起来，非常难受。树枝上已有一层薄薄的雪了，山顶上全是一片白。路旁有些同志坐着休息时就僵死在那里了。我们快速通过山顶，向山下走去。下山的时候很快，山路又滑，一溜就滚下去很远。

从天不亮四点钟走起，到晚上七点钟才到了山下。下了山以后因为没有人家，还要走二十多里路才能宿营。二十里以外就有房子，有人住了。这些房子里住的是喇嘛。我们就和他们做工作，宣传民族政策。他们知道了我们不会伤害他们，才放下心来，并帮助我们搞粮食，动员民夫。我们还和他们一起开晚会，他们跳舞给我们看，一边男的一边女的，都戴着大面具，穿着夸张的长靴子，手里拿着棍子，敲着锣鼓跳动起来。过去由于要和敌人作战，没有很多时间做群众工作。这以后，就能有更多的时间去很好地做群众工作了。

同年8月，我们准备向草地行进时，首先要做的工作就是准备粮食，因为草地没有房子，没有人，要走七天七夜才能走出草地。我们每人除了背十五斤粮食以外还要背一把柴火。我们都把面炒好或做成饼子背在身上。进了草地以后，

延安
红军长征路线图
延安
大会师
激战腊子口
过草地
懋功会师
爬雪山
飞夺泸定桥
强渡大渡河
四渡赤水
遵义会议
巧渡金沙江
血战湘江
瑞金

只见一望无际的大草地，像绿色的大海一样，草和天连成了一片。草地多半都是软泥，有时走一百多里也没有一片干地，因此我们不能按原计划行路，只有走到干地才能休息。在草地中行走非常困难，一不小心，走到泥里去，一陷下去就不容易爬上来。如果有人陷下去，别人去拉的话也会一同陷下去。许多同志就是陷下去后牺牲的。到了干的地方，大家就在露天宿营，把毯子铺在地上一个挨着一个睡。晚上草地很冷，用木柴烧起火来，我们就围着火堆睡，好像过游牧生活一样。草地天气很糟，每天都要下一场雨，衣服淋湿了非常冷，只好烧火来烘干它。到了第七天，快走出草地了。宣传队的同志站在路口告诉我们前面有房子，有粮食了。大家都高兴得不得了。走出草地，看到些用竹子和牛粪筑成的房子，但我们已很满足了。虽然房子里很臭，跳蚤又多得吓人，但我们还是不管三七二十一躺下来睡觉了。

渡过了乌江、金沙江、大渡河，走过了雪山、草地，我们战胜了一切自然界的障碍，克服了种种困难。我们这支雄壮的行列终于到了目的地——陕北根据地瓦窑堡。当地群众热忱地欢迎我们，为我们烧水、烧饭、洗衣服，送牛羊来慰劳，让炕给我们睡。我们真像回到了自己的家，见了亲人一样，这种兴奋和欢喜是很难形容得出来的。

为什么能战胜困难，到达目的地

二万五千里长征经历一年零一个月终于到达了目的地。什么原因使我们能战胜困难，到达目的地呢?

首先，是中国共产党的正确领导。中国共产党将革命重心从城市转移到农村，进行土地革命，依靠农民，发动农民，建立革命武装和革命根据地，积蓄革命力量，发展革命力量，达到包围城市，夺取城市的目标。人类历史上空前未有的二万五千里长征，就是在这样正确的领导下，取得了胜利。

其次，我们有远大的理想，有坚强的意志。大家都看到我们的前途是光明的，是有希望的，加上同志间的阶级友爱，团结互助，大家同生死共患难，更增加了同志们的勇气和信心。大家紧紧地团结在一起。这种坚强的意志，高度的团结就产生了无比的力量，因此一切困难都不能阻拦住这股强大的铁流前进。

最后，我们有群众作为依靠。每到一个地方我们都能得到广大人民的拥护。我们始终没有忘记红军三大任务之一的群众工作。群众帮助我们搞粮食，动员民夫，有的还参加了我们队伍。

我们胜利地结束了长征，在中国革命史上写下了光辉的一页。

中革军委之印

长征途中的“春晚”：没能上演的战地春晚

供稿 /《解放军报》

在艰苦卓绝的长征途中，红军为了欢度新春、鼓舞士气，也曾策划了一场“战地春晚”，准备于 1935 年 2 月 3 日除夕时举行，但最终因征途转战，这场从元旦起就开始精心筹划的“春晚”没能上演……

1935 年元旦前后，红军在黔北余庆、黄平、瓮安一带活动。由于执行了正确的战略方针，红军打了几个胜仗，赢得了一些转机。驻守在瓮安猴场的中革军委（中华苏维埃共和国中央革命委员会）召开了猴场会议，并指示各部队“就地宿营，安排好生活，欢庆元旦”。这是出征以来难得的惬意时光，各部队将节日安排得丰富多彩。驻余庆的一师三团就从师里分得二十五头猪，三百多只鸡和鸭。一军团总军部吃了过年的“六碗菜”后，还举行了热热闹闹的同乐会。不过，比起各部队士兵会餐同乐，随军委行动的干部休养连的元旦晚会就显得更加有档次、够品位了。

黎平会议后组成的休养连是支近三百人的特殊连队，集合在里面的人有被称为红军“四老”的董必武、徐特立、林伯渠、谢觉哉，和一大批文人、学者及高级干部，还有跟随中央红军长征的三十位女红军。

这支人才济济的连队，元旦那天，在连长侯政、指导员李坚真的组织下，花几十块钱买了一头猪和一些花生、瓜子，美美地聚了一餐后，又伴着夜晚的来临，在篝火中举行了一场高质量的同乐晚会。李坚真、王泉媛等一些来自广东、江西的女红军都是即兴编唱山歌的好手。女红军危拱之和李伯钊当时分别被誉为“中国红色文艺的开拓者”和“红色戏剧家”，在苏区时她们的演出就深受欢迎，李伯钊更是拥有红色舞蹈明星的桂冠。长征前，李伯钊是高尔基戏剧学校校长，危拱之是由八一剧团沿革而来的工农剧社总社副社长。“四老”虽然不会唱不会跳，但很会“说”，他们所朗诵的诗、所讲的故事同样吸引人。随总政治部行动的蔡畅也被特邀参加了这场同乐会。在久久不能消散的欢乐与真挚氛围里，蔡畅提议，何不在农历新年到来之前，为指战员举办一次像模像样的联欢会，欢度新春佳节。她的提议得到了积极响应。春节联欢会就此提上了议事日程。

当时之所以筹划这场晚会，除了文艺人才多集中在休养连，更为重要的是，进入贵州后红军的被动局面有所改变。随着进占遵义和遵义会议的召开，新年联欢会的顺利举行似乎变得更加顺理成章、指日可待。而“北渡长江与红四方面军会合”的新的战略和行动决定传达后，她们更加感到，说不定这场文艺晚会到时还是两军会师的大联欢！

李伯钊和危拱之是筹备晚会的骨干。她俩的同学，与她们一起创立八一剧团、长征后在政治局做翻译的伍修权，也被邀请加入进来一同策划。他们列出了节目单，经典节目肯定是必演的，像苏联舞蹈《水兵舞》《红色机器舞》《丰收舞》，话剧《我，红军》《为谁牺牲》等，但更重要的是还要创作一批能反映征程、鼓舞士气的新节目。

北渡长江的计划开始了。1月24日，先头部队进占土城。土城是黔北重镇，相对富饶，街上有不少前店后厂的酒坊。部队到达后，受到了群众的欢迎。而后勤供应部门的同志也从店主、厂家那儿联系了一批好酒慰问各部队。26日，军委纵队行程七十余里，顺利地从宿营地东皇殿大兰场到达土城时，这个黔北小镇已洋溢着浓浓的“年味儿”……

由于路途顺利，军委纵队抵达时间较早。大家吃过饭，当夜晚的篝火燃起，将大家征途劳顿的面容映红时，休养连指导员李坚真情不自禁地先唱了起来：“滔滔乌江急又深，手拉手来心连心。阶级姐妹团结紧，不怕敌人百万兵。”

她歌声刚落，在大家的喝彩声中，凤阳花鼓唱得特别好又特别会自编词的危拱之接着唱起来：“咚咚锵……红军强，红军强，千难万险无阻挡，行军路上揍老蒋，北上抗日打东洋……”

就好像“春晚”的预演一样，士兵们越围越多，大家要求李伯钊也表演一个。篝火熊熊中，只见李伯钊大大方方走上场，唱了一首苏联歌曲。一曲唱罢，赢得一片叫好声。叫好的观众中，有毛泽东和几位军委首长。他们今天的情绪也格外的好，不但因为明确了新的战略方向，还因为在向土城进军的途中，毛泽东等人对青杠坡一带的地形产生了兴趣，已构思出一个在此地集中优势兵力，合围夹击尾追的川军部队的设想……

在掌声的鼓励下，李伯钊又跳了一支《水兵舞》。夜空阑珊，篝火映红，大家打着拍子，哼着调儿，沉醉在她轻盈而欢快的舞动中。李伯钊一曲刚跳完，

只见徐特立反穿羊皮袄，头戴破毡帽，闷着头，慢慢悠悠地走上场。

他站在场上并不说话，而是表情认真地将双手伸进羊皮袄里，上一抓、下一挠，左一扭、右一拽，皱紧眉头，捏出个东西，放进嘴里，只听见“噼啪”一声，然后蹙着鼻子说：“嗯，这个肥。”大家还没反应过来，他又反复着类似动作说：“李伯钊跳《水兵舞》，徐特立跳《捉虱舞》！”大家先是一愣，才发现他将虱子在人身上令人奇痒难耐的神情表现得如此淋漓尽致，顿时爆笑如雷……

歌声和舞蹈让大家暂时忘却了危机，在这难得的时刻纵情欢笑。

最后，应大家要求，蔡畅唱起法国革命歌曲《马赛曲》。随着蔡畅的歌声，也不知道是谁带的头，周恩来、张闻天、伍修权……大家不由自主地跟着轻声哼起来，逐渐汇成了合唱，合唱凝聚的力量盘旋在土城的上空，雄浑地感染着这个寒冷的冬夜…

然而，令他们没想到，令后人也难以想象的是，战事的机动常常会比演出更加机动。这个欢快的土城之夜就好像有意将做了十足准备的“春晚”提前上演了。

1月28日，青杠坡之战失利。29日，红军一渡赤水。大年三十，也就是1935年2月3日，渡过赤水河后部队已疲惫不堪。除夕当晚8时过后，随中央纵队行动的休养连扶老携幼，在寒风细雨中跋涉七十多里崎岖山路，从风水桥到达石厢子。这个鸡鸣听三省，处于万山之中，四周峰峦环绕，地势险要的地方，连水都很难找到。到达后的军委纵队只没收一户彭姓土豪家的东西，匆匆填了肚子，就连夜研究敌情，作出了向云南扎西方向行进的决定。许多红军指战员是在行军途中辞旧迎新的。

精心筹备的“春晚”无法实现了。当时的困境下，也许谁都忽略了这个遗憾。但或许正是因为有遗憾、有失败，所以，当领略到红军的指挥员们以高超的韬略让无数遗憾练成得意之笔的风范时，才更能体味出长征途中的欢声笑语、载歌载舞如此的动人心弦。

黎平会议旧址

我入党前后 及在华中抗战的生活片段

文 / 孙文涛

日本侵华战争的1938年，山河破碎，火光遍地，生灵涂炭，民族危亡。我和所有的进步青年一样，为了希望和理想冲出家门，投身伟大的中华民族抗日战争中。1938年下半年我在大别山地区加入了中国共产党，终于走上了革命的道路。

寻找共产党是我执着的追求，走过了长达六年的漫漫之路，但越走越坚定，越走越执着。我原名孙涛，1932年在保定智存中学读书时，正值九一八事变第二年，全国抗日学潮风起云涌，在二姐孙湘（与赖传珠夫人同名，1926年在绥远包头共产党的外围组织“天足会”负责工作，后就读于保定第二师范，为“师后援会”负责人，组织领导了保定地区的学潮运动，1936年被国民党特务机关暗杀，牺牲时年仅二十九岁）的思想影响下参加了反蒋抗日救亡学生运动，是我校的负责人。失败后（史称“八三惨案”）被校方开除，大公报登名，不许在国内就学就业。后路断了，名字也不能用了，只能找共产党。为了表示革命，我用了导师孙文的名字，就是现在的孙文涛了。

1933年我参加了抗日同盟军，因为我听说那里有共产党。在张家口我非常荣幸地受到了冯玉祥总司令的接见，他说：“热血青年就要上战场杀敌保家卫国，当民族英雄，不做民族败类！”这话字字叮当响，就好像昨天一样。我被派到吉鸿昌将军司令部任中尉电台报务员，当时不满十七岁。我军连续与日军打了几场硬仗，收复多伦重镇等四座城池，威震天下。我们在前面打日本，国民党在后面打我们，迫使我们喊出了

"反蒋抗日"的口号，竖起了"抗敌讨贼"大旗。腹背受敌之仗越打越残酷，天天打仗、天天跑路，每一仗我身边的战友就要倒下去十几个，我射击的掩体都是用四具尸体垛成的，那真是尸横遍野，极其惨烈。我是来找共产党的，平时非常注意观察，看到主力部队第五师与旧军队不同，打红旗唱国际歌，保护老百姓，公开提出用工农红军的办法教育和管理部队，我偶尔还能收到江西苏区的电报，类似贺电建议之类，我判断这里一定有共产党（后来得知北路前敌总指挥吉鸿昌是共产党，军政治部主任兼五师师长宣侠父时任共产党中央委员），还不在少数。可还未接上头，整个队伍就在京北小汤山、高丽营一带在日蒋夹击下全军覆没，我则被国民党的部队打伤，这使我从心底里憎恨蒋介石，也更加憎恨当时黑暗不公的社会。

中央红军到达陕北的消息使我很受鼓舞，我同几个进步青年要去延安参加共产党，但由于国民党沿途设卡封锁很严，几次都未能成功。1937 年初，平津危机、华北危机，中日全面战争即将打响。守军抗战士气一天天高涨，据说北平地下党做了很多工作，我就投奔了国民革命军二十九军。战前任二一九团侦察参谋、驻前方团部（宛平县城）负责人、协助（驻守卢沟桥的）三营工作。7 月 7 日，我与金振中营长共同指挥了震惊中外的卢沟桥保卫战，揭开了中华民族反法西斯战争（即世界反法西斯东方战场）的序幕。在组织坚守的十一天里，我们几乎没有睡觉，仗打得太残酷、太紧张了。当从前线撤下来以后，也没有找到共产党，所以在升官受奖的时候我离开了二十九军，去上海准备参加淞沪抗战。

当时天下大乱，遍地难民，惨不忍睹。我历经千辛万苦，赶到安徽芜湖时，上海已经失守了，真叫人气愤！街上时有前方下来的伤兵和成帮结伙的散兵游勇，而国民党军队跑光了，市长、警察局长也跑光了，此时我产生了新的念头：就地组织抗日武装边打日军边找新四军。

深秋初冬，一百六十余人的抗日游击队在芜湖成立了，我任队长。日军在没有任何抵抗的情况下占领芜湖，火光四起，枪声不断，我带队伍撤到（长）江北。一冬天跟日军打了几场硬仗，互有伤亡，加上许多人开小差溜走，部队减员大半，我决定向七里坪新四军北上路线靠拢。国民党二十军（杨森的部队）发现了我们的意图，拦住了我们去路。一名自称是旅副参谋长的代表与我方谈判，意思是联合作战，消灭距我二十多里尾追来的这股敌人，我想只要打日军就行。我的部队布置在正面阵地的左翼，战斗打响后，日军专打我们，不打国民党。我们的压力越来越大，开始有了伤亡。仗打得正在紧要关头的时候，国民党的军队撤出了阵地，让出了我的右翼，日军很快包抄了上来，这下我们明白上了国民党和日军的当了，我下令撤退。天黑了，我们撤到山根儿的一片小树林里，摆脱掉了日军，大家疲惫地席地而坐，气喘吁吁地议论着：要不是我们装备精良（每人配有两支枪，一长一短，都是新启封的"中正式"和二十响的驳壳枪，此外还有迫击炮和轻重机枪，明显强于二十军的战斗连队，甚至不逊于日军）、弹药充足，今天可能谁都撤不下来了。正在清点队伍时突然觉得周围有动静，我们又被包围了！原来就是刚才

和我们“共同抗战”的那支队伍，包围我们的理由是编入正规军能更好地打日军，真是坏事干绝！我这七十来人被分散到一个团的各个班排，我被任命为连长，我掌管的连只分到四五个人。起初几天我这个连长是被看管着的，只是没被关押，但枪被没收了。后来有些缓和，也可以指挥部队了。这几天里，我的主意越来越坚定：跑！一个人去延安！机会终于来了，一天查夜岗，我换上一件黑棉袄，顶着漫天的雨雪向北跑去！

1938年一二月间，我赶到了安徽临时省会六安。几天来在雪地里急行，我的脚趾被草鞋磨破露出了骨头，只能在六安疗伤。当时时局很乱，处处难民，各种团体、派别、组织、宣传队形形色色，且十分活跃，救亡热情高涨，国民党特务也到处活动。养伤期间，我组织了安徽省难民抗敌协会，对外挂省难民所的牌子，团体有二十余人，难民达六万人之众，有上万人参加了协会成立大会，一致拥护并选举我为主席，经费是南下时从家中带出来的四十块现大洋。我们协会有五项主要任务：一组织（把难民组织起来，维护难民利益）；二抗日（召开万人以上的大型集会和开展街头救亡宣传等）；三自救（开办各类工厂六个，当时仅被服厂就有百余台缝纫机日夜生产被服送往前方给将士御寒）；四学习（创办九所难民学校，为广大停课学生补习功课）；五疏散（有计划地把难民分期分批送往后方），工作面广，工作量大，非常辛苦。我们团体受省抗敌总动员委员会领导，具体由该委员会组织部部长张劲夫（地下党安徽省委负责人，主管组织工作，原国务委员）同志负责。组织部干事孙以谨同志常来我团指导工作，总表扬、鼓励我团，说“效果好、成绩大”，还说难民工作不好做，任务很重，做好了不容易。

一天，几个来历不明的人趁我不在，鬼鬼祟祟跑到难民协会，在难民中到处煽动说：你们的主席是坏人，是共产党等等。难民们不买账，与之发生了争辩。这些人理屈词穷，气急败坏地喊“你们的头头是土匪、汉奸”，还要砸协会的牌子。这下激怒了难民，大家蜂拥而上，抄起东西就打过去，这帮人狼狈不堪、抱头鼠窜。我回来时被难民围住了，大家纷纷讲述打跑坏人的经过，更多的是关心我的人身安全。我和国民党打的交道太多了，这回也提高了警惕，很快查实了这伙人的特务身份，采取了一些措施，并成立了自卫组织，难民们更加抱团儿了，真有些万众一心的劲儿。说也奇怪，打那以后国民党特务、地痞流氓等恶势力再没人来难民协会捣乱，也不敢在难民中活动了。原来坏蛋都是欺软怕硬的。

两三个月过去了，每天吃粗饭，喝不带油花儿的春笋汤，生活很艰苦。我们团有一人负责伙食，几天来他一直反映生活越来越难，就要到无米之炊的地步了。一天早饭端上来的只是米汤，工作停了，大家都闷在家里想办法。正巧，孙以谨同志风风火火闯进来，见状急问：“怎么了！出了什么事！”得知今天中午就停伙了，他更急了：“怎么不去领经费？”我说两个月来把我带来的四十块大洋吃光了。孙以谨同志恍然大悟说：“等着，我去去就来。”话不多却带着一股冲劲。孙以谨同志特别有活动能力，半个多小时就拎回四十块现大洋，说：“这是刚从外面募集来的，你们先把饭吃

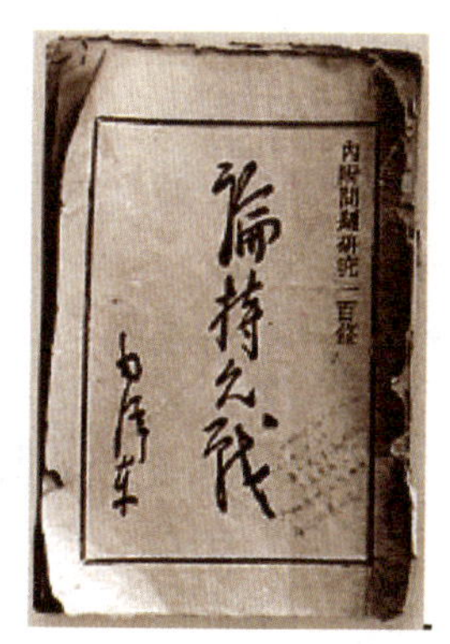

毛泽东《论持久战》

了再说，以后就到省里来领经费。”这真是雪中送炭啊！着实让全团高兴了好几天（当天晚饭加了一个肉菜，算是打牙祭），今天回想起来还有几分感动。

春天悄悄过去了，我的脚疾渐渐痊愈，难民协会慢慢走向正轨，我也可以继续北上了。在六安期间，我们参加了一些社会活动，结交了许多抗日团体和进步人士（入党后才知道这些人都是共产党员）。根据六年来找党的经验，我认定张劲夫等人可能是共产党员。一些救亡团体的负责人也向我指点有难处找张劲夫，他有办法。一天去组织部汇报工作之后，我提出上延安找共产党，请张劲夫部长帮助介绍（那时已经得知，凡是去延安都是要经过介绍的），他非常高兴，他没说这里有共产党，而说这里就能抗日，还强调：“这里不是前线但是前方，我们每天做的一切就是在抗日，抗日需要热血的进步青年，在哪儿都一样。你看看难民工作多重啊，没人干呀，你们协会成绩很好，几万难民拥护你们。这里需要你，你就留下吧，不要去延安了，我们都不走，我们一起在这里抗日。”我听这话句句在理，既真切又饱含情义，就暂时同意了，先完成现阶段的难民工作。

1938年四五月份，日本飞机轰炸六安。国民党省政府开始向大别山撤退，他们的军警宪特也开始跑了，我的难民疏散工作也接近尾声。每批难民上路，有空儿我就送，忙时他们来告别，不管是老的少的、男的女的眼神中都透出了千分情万般意，人们很沉闷，惜别话不多，有位老人什么话也表达不出来，只是不断点头，重复两个字：“走了、走了……”有的媳妇让孩子跪别后扭头就走，嘴里念叨着：“好人呀，好人呀！你们都是好人！”离别之时有很多人动容，真是一步一回头，一路泪长流。这撕肝裂胆的场景至今历历在目。难民们留恋的是在难民协会领导下那些红红火火的日日夜夜，可眼下都泯灭了，这时他们知道我什么都给不了他们了，我想他们只是想从我的脸上和眼神里看到一种希望，这希望可能是对时局的希望，可能是对命运的希望，可能更多的是对中华民族的希望。这些朝夕相处着的多么好、多么纯朴的中国老百姓，被日军铁蹄赶出了家园！难民一批批离去，我这心一

阵阵凄凉。我是来找共产党的，知道国难临头时共产党一定是走在最后的，我也不能走，一定要等到最后！

救亡团体也开始撤离，一些进步团体走时都来我团话别。此时难民协会大部分团员都被我安排到难民中分批陆续走了，工作收尾阶段我身边就没什么人了，我的去向问题摆到了眼前。前前后后来我团告别的进步人士表达的意思基本相同，大体是：一是催我快走；二是我如果没有去处可参加他们的团体一起走（我都未答应）；三是我将来有用得上他们的时候一定帮忙。生活书店的老板是进步人士，在社会上有相当的威信和影响，店内进步书籍很多，其中有不少马克思、列宁的原著，这些都是国民党特务要查禁的，他走不了来求我帮忙，还提出带我一起走。我俩一直保持着密切的交往，相互信得过，但当时不知道他是共产党员，就没答应同行。我把他大批的书让难民们分批运走了。难民们积极性很高，给了我很大帮助，一律不收脚钱，使生活书店的老板感激不尽，临走时还送我两大箱子好书。

江都文救会负责人周村走时，六安快成空城了，本地人也沦为难民，周村非常关心我的去向，他推荐我去十九、二十工作团。回想刚到六安时也是他向我推荐了张劲夫同志，所以，我很重视他的意见（其实第一个介绍我去十九、二十工作团的是六安县动委会指导员）。周村走后该团副团长李授宝找到我，介绍我参加十九、二十工作团，并在最短的时间里（日军快到了，时间已相当紧迫）谈了三次话，他觉察我有顾虑，马上解释：原来的队长（该团前身是安徽省抗敌后援会流动工作队）郭云是国民党特务，被我们赶跑了，现在团里都是抗日救亡的进步人士和热血青年，也是张劲夫同志领导下的抗日救亡团体。六安时期是我走向理想和革命的人生重要转折。六年来找党的经历磨炼了我坚强的意志，现在有这么多的地下党员都在隐蔽中关注、关心着我，回想起来，是党在一直关怀着我。加入十九、二十工作团后不久我就投入了党的怀抱，开始了为共产主义而奋斗的新征程。

十九、二十工作团全称为安徽省抗敌总动员委员会十九、二十工作团，前身是1937年底在省会安庆成立的抗日流动工作队，主要成分是安（徽）大（学）救亡学生和平津地区、（南）京沪杭地区退下来在安大借读的抗日学生，其中有少数的进步教授、助教、艺术家等大知识分子，有地下党员，也有极个别的反动分子，即国民党特务。前面提到了安庆沦陷后，1938年初迁到临时省会六安，不久就归属了省动委会，应该说此后是在地下党省委直接领导下的一个非常重要的、非常有影响的抗日救亡组织。原流动工作队比较大，有五六十人，省动委会就下达了两个团的建制，称十九、二十工作团（前面应该有十八个工作团）。工作团的主要任务是在省内工厂、农村的广大民众中进行抗日救亡发动工作。眼下六安战事吃紧，省会迁到立煌县（以国民党第五战区司令长官卫立煌名字命名的，现金寨县，用人名命名地名在国民党内除孙中山之外，独此一例），我随工作团撤退到大别山的霍山县，在该县开展工作。

工作团根据白区的工作需要每个人对外都有称号，如小豹子（孙其珠，现名孙铮）、小聋子（王维良）、一点（高鼎，现名邓刚，曾任中央广播事业局局长）、小都都（都志胜，现名李伯中）、刘先生（后称刘大姐即刘芳），还有小鼻子、小红脸、小广西等。其中团领导或有声望有资历有学识的人士，男的称大胡子（有时也暗指马克思），如刘大胡子（刘彤）、二胡子、三胡子等。女的称大姐、二姐、三姐，往下排。我文化低、来得晚却被称为孙三胡子，我想是大家对我的认同和尊重，使我入团后一下子就体会到大家庭的亲情和凝聚力。

大别山的夏天绿色葱葱，溪水潺潺，山河壮美，特别是油菜花开时，那真是遍地金浪滚滚，好一派人在画中游的景致。十九、二十工作团下设行政组被派到各乡镇，我们的小组在霍山县的南乡上土市镇开展抗日工作，刘芳同志任组长。能记得的团员有郭崇礼、张世瑞、孙其珠、丁大禹、马洪范（现名马守一）等十余人。开始住镇上，不久我们翻过小山搬到镇南边一座木制的三楼三底的房子。底楼大间是工作间和活动室，旁屋和楼上为宿舍。每天早出晚归，尽可能男女搭档到周边乡村发动群众。全组集中活动一般是布置工作、汇报情况、教唱救亡歌曲（在整体工作中占的比重较大），偶尔排练一些简单的抗战小戏。孙其珠是“宰相府”里冲出来的大小姐，貌美出众，能唱歌会演戏，工作积极热情，大家同她很合得来，她每天晚饭后负责教大家唱救亡歌曲和乐谱知识，提高大家的识谱能力及演唱技巧。我也爱唱歌，我俩同姓，又都是北京口音，似兄妹，时常协助或替她教歌。会议性的活动都由刘芳同志主持，她是大学助教，工作严谨扎实，又是全团的大姐，大家非常尊重她，她平时常和大家谈话，同我谈话的内容有：家庭出身、家庭成员、个人简历、社会关系和抗日救亡的有关思想观点等等。几个月过去了，我觉得这个组织与我经历过的其他部门或机构大不相同，他们思想新、讲民主、人际关系亲近，工作积极向上，满腔热情，不怕困难有朝气，这正是我多年来一直追求和理想的进步革命的那么一种气氛，使人的心情格外透亮和高兴。

入秋，武汉吃紧，日军飞机狂轰滥炸，插着膏药旗的炮舰在长江上横冲直撞，祖国大部分国土沦丧。在全国一致保卫大武汉的抗日热潮一浪高过一浪的同时，蒋介石“攘外必先安内”的投降逃跑主义政策加剧，“亡国论”一时有占上风的趋势。毛泽东同志在这一关键时刻发表了重要著作——《论持久战》，给全国抗战指明了方向，坚定了全国民众抗日的信心，从理论上、思想上、战略上统一了各党、各军、各阶层和各团体的意志，全国形成了学习《论持久战》的热潮，国民党的党政军要员也在深入学习。我们团不仅认真学习，还利用一切机会和各种手段在白区宣传《论持久战》，坚定民众抗日的决心。我是行伍出身，特别爱读《论持久战》，我认为这篇著作是使我终身受益的最好老师。一天，全组在一个小学校里召开学习《论持久战》座谈会，来了一些陌生人，其中一些是知识分子模样的人参加了会议，我也发了言，刘芳同志非常满意，回到驻地很认真地表扬了我，我也很高兴。

一天晚饭后，大家与往常一样，在门前练歌。刘芳同志不是每次都参加，偶尔练一次歌也不跟到底，今晚她不仅来了还唱到了最后。二更前后大家陆续回宿舍，接近深夜时孙其珠同志也睡觉

去了，只有我和刘芳同志了。刘大姐说再找几个好歌新歌练练明天用。过了一会儿，刘大姐又说大家都睡了我们小声点。快三更了，我们的歌声逐渐停止了，不知不觉进入了谈话阶段，话题很广，内容很多，大体是对世界大战的分析；保卫马德里，中国的马德里在哪里（暗指大武汉）及中国的抗日战场；中日战争的“速胜论”“亡国论”；毛泽东同志的《论持久战》；对国共两党的看法，等等。大约子夜时分，我讲述了六年多找共产党的经历和迫切心情后，刘大姐主动表明了共产党员身份，并提出可以介绍我入党，当时我激动得热泪盈眶。六年的艰辛、磨难、执着、企盼，今天终于听到了党的召唤，此时还真是千言万语汇不出一句话来了。稍停了停，刘大姐对我进行了简单的保密教育，其实，工作团在这方面没少进行教育。话语间她说一开始她以为后文汉（前任团长，刘芳同志的未婚夫，现名后奕斋）不是党员，是民先（共产党的外围组织共青团抗战时对外的称谓，全称为中华民族解放先锋队），后来才知道他早就是共产党员了。四更天时谈话结束了。

我几乎一夜没睡，天一亮精神就振奋了，工作热情比以往还高，同时发现大家也十分高兴，但互相谁也不说什么。两天后，我们在县城以西开展工作时，遇到从六安撤下来的一批难民，他们见了我非常高兴也非常亲热，还拿我当他们的主席，主动向我汇报在当地办学的情况。刘芳和在场的其他几个同志听了都很有感触，大家听得也都非常认真，回来后在全组会上又很好地表扬了我一通，其实她是借此要表达一个重要的思想：即我们的工作就是要像难民协会那样深深地植根于民众之中，与天下的劳苦大众建立起亲密的鱼水关系。

几天后，刘芳同志在公开场合通知调动我去县城（团部），工作另行分配，私下对我说：入党问题到新单位有人找你。那时行装简单，收拾一下就能上路了。与同志们告别时，还有些依恋之情，我苦苦奋斗、苦苦追求、苦苦寻找，毕竟是在这里找到了党，就像游子找到了母亲，使我终生难忘！去团部途中路过大华坪、管家渡两个行政小组，在那里帮助工作了几天后我继续北上，到达霍山县城。十九、二十工作团团部设在一所停课的小学校，同住的还有一个行政小组和县动委会。我向杨询石、杨树勋二位团长汇报了工作，见到了动委会指导员王昭诠（前任团长，原江苏省政协副主席）同志。在团部待分配期间，帮助这个小组工作了几天（演了几个小戏），任务不是很重，其余时间自己学习。一天，大家都出去了，我在屋里学习，课桌迎门摆放着。杨询石、杨树勋、王昭诠三人分别在门前路过两三次，后两次只是在门前站站，冲我笑笑就过去了，而杨询石每次都进来，在我桌前说上三四句话才出去，我感觉像是在接头，原来找我的人就是杨询石（入党后知道他还是党支部书记）。他最后明示：你入党的关系转过来了，需要办理手续。他先后让我写了三份材料（自传、志愿书、党员登记表），用的是白报纸，表格是蓝复写纸印的，每写好一份就交给他一份，很认真也很庄重。

第三天早饭后大家正要出去工作，杨询石团长通知我，现在分配你去下符桥小组工作，今天可以动身，关于入党问题到新单位有人找你。下符桥在县城的东北，几十里山丘路，一天可到达。在下符桥工作了三四天，都是与陈琼（女）同志早出晚归，在周边地区做民众发动工作。这天早上，我们在院子里正要出发，被组长王莲（地下党省委书记彭康同志的爱人）同志叫住了，她很和气地对陈琼同志说：“今天我们（指着我）两个下乡。”她们之间会意地笑了笑，好像有什么默契，陈琼转身就走了。王莲转过脸说：“我们走吧。”南方男女上路不能并肩而行，就是两口子也要一前一后，即女在前男在后，相距三五步，因为我们工作的性质，我们决定也按当地习俗上路，让外人感觉像两口子出门。王莲是组长，来团的资格比较老，很稳重，也有点大姐的模样，我很尊重她。上路后开始话不多，主要是我讲了讲几天来的工作。我们翻过了一座山丘，便是荒山野地，四下无人，王莲同志头也不回和我谈话，谈的大意是：你的党籍关系转过来了（我马上意识到这就是新单位找我的人），又交换了一下对共产党的观点（就是看法），都是关于入党的一些内容，话不太多。她接着又说：“现在举行你的入党宣誓仪式，我领读誓词，你来复诵。”这是一个多么庄严隆重的仪式，我站在祖国大地山河之间，面对苍天，向全民族、向敬爱的党宣誓！我记得誓词很短只有四五句话，其中有不叛党、遵守纪律、建立劳苦大众的新政权等。宣誓完毕又让我背诵一遍，之后王莲同志极其庄重宣布：“从现在起你就是一名中国共产党正式党员了，入党介绍人是我和刘芳同志，今天是 1939 年 2 月 2 日，候补期三个月。”我们还是一前一后地走着，她还是没有回头，但我感觉自己的脚步越走越坚定，越走越有力量，她要带着我走向抗战的胜利，走向新中国！

入党后较长一个时期我在王莲的党小组（两个人）过组织生活，王莲是组长。下符桥工作完成后我们回到了县城。我被编入杨询石的党小组过组织生活，杨询石兼党小组长，另一名是女党员，名字记不起来了。这时王莲同志的工作有了其他的安排，刘芳同志在年底时也调走了。一天党小组开会，突然何伟（地下党省委负责人，主管宣传工作，孙以瑾同志的爱人，教育部原部长）同志来了，在小组会上做了当前形势的工作报告，这次报告使我受益匪浅、终生难忘。会后我们得知何伟同志是去立煌路过霍山县，抽时间给我们三个人讲课，关心我这样的新党员的成长和进步，真是感人至深，我们怀着崇敬的心情送别何伟同志，并且问候了孙以瑾同志。

1939 年春末夏初，省动委会在立煌召开学习会，好几个工作团都参加了，人比较多，我们团也来了。我能记得的有孙其珠、陈庆群（现名肖文大）、马洪范、王一工（两年后壮烈牺牲）、程希哲（现名程辛，原六机部副部长）、杨询石、丁大禹，郭崇礼、张世瑞、陈琼、胡晓风（张劲夫同志的爱人）等几十名同志。这次学习会实际上是全省地下党在白区的中心，即国民党省党部、省政府、战区司令部的眼皮底下召开的一次“检阅”式的大会。会后，我们工作团分团，为十九团和二十团。我分到了二十团，团长王一工（王伯渊的弟弟），也是党小组长，还有一名党员是程希哲，这个时期是我们三个人过组织生活。二十团有二十余名同志，绝大部分是新人。根据上级指示开赴淮北工作，途中又派来了

曼君副团长（女党员），也和我们过组织生活。二十团北上经过霍邱、颍上、阜阳，最后到达安徽省西北角临泉，工作团每到一处都要工作一段时间，打开局面后才能离开再去开辟新的战场。

淮北经济基础和生活条件相对比较差，党的力量和群众基础更加薄弱，又没有其他团体来展开工作，所以开展宣传发动工作就非常艰苦，也相对危险，应该说二十团在淮北地区抗日救亡工作中作出了很大的贡献。不到一年的时间原流动工作队的老人儿快走光了，他们多数被派到其他工作团当领导，或被派到党的其他领导岗位上工作，我在他们身上学到了许多东西，特别是共产党员的优秀品质，我非常想念他们。地下党工作的原则是：单线纵线领导，不发生任何横线并行线关系；未经组织介绍，党员见面时只能叙旧、不能谈及党内的任何事情。这项纪律是非常严格的，可以说是党组织和党员个体的生命线，万一党内出现一个叛徒，一个党组织就可能垮掉一片。党员在艰苦斗争中经受的考验越艰巨、党的立场越坚定，党的工作就做得越多、贡献越大，能见到的党员也就越多。入党半年多的期间里，和我一起过组织生活的党员有王莲、孙其珠、陈庆群、杨询石（后来叛变）、唐朋、王一工、程希哲、丁曼君，还有三四名党员记不起来了。现在，我成了团里的老人儿了，虽然工作责任加重了，但总觉得心里有点空落落的，总是怀念十九、二十工作团的每一个场景，是那么的热火朝天，工作是那么的有秩序、有质量、有影响、有成果，他们确实是党的一批优秀人才。

1939 年，抗日战争进入了漫长的相持阶段，国民党的“反共”嘴脸越发暴露，特务活动更加猖獗，由“防共”到“排共”，由“反共”到“清共”，血腥味越来越浓，白区的党组织和党的公开人物受到了严重威胁，白区党的转移、隐蔽和大撤退排上了日程。为了掩护成百上千的革命者（尤其是新党员和已暴露的党员）安全撤退到新四军，地下党省委决定，在全省范围内抽调文艺人才（要有白区工作经验、能经得住考验和有独立工作能力的老党员）成立一个高水平的剧团，隶属省动委会青年抗敌协会，称为青年抗敌剧团。青年剧团成员主要来自两部分，一是河南大学救亡团体的一部分；二是十九、二十工作团的一部分。另外，还有一些艺术家，如戏剧家、剧作家刘保罗、许晴、黄粲，音乐家孟波，版画家莫扑等。剧团成立后在立煌大演大唱大轰动，声势很大，稳住了国民党党政军大员，全省地下党人转移开始了。

青年剧团这批艺术家是党的宝贵财富，他们战略掩护任务完成得很出色，而事实上他们也就暴露了，被国民党特务机关盯住了，必须在全国“反共”高潮到来的前夜撤下来。1939 年秋，形势紧张危急，地下党从抓武装斗争的角度考虑，加强军事方面力量的准备，为了预防和尽可能减少突发事件的损失，派我到青年剧团工作。说起打仗，与外行人相比我是精通的，主要擅长指挥和带队伍，加之声乐是我的专长，又有摄影技术，还可兼做简单的戏剧表演和剧务。就这样，我在同志们向外撤离的时候，怀揣着行政和组织两封介绍信急匆匆地直奔敌人心脏——立煌。

我要告别淮北，告别工作团，这是

入党后我的第一次工作调动。出发前，王一工同志交代：一、遇到紧急情况先要毁（吃）掉介绍信；二、有两名刚入党的新党员，没有地下斗争经验很危险，这次一同带去新四军，你要保证她们的安全。我当时表态没问题，我有办法能完成任务。这时两名女同志已经被叫到了我身边，王一工对我们三人说，你们为一个党小组，孙文涛同志任组长，途中要过组织生活，要遵守党的纪律。这是我第一个党内职务。两名女同志，一个叫元玉环，另一个名字忘记了。上路后发现问题并不简单，我们一男两女，年龄相近，方言各异，扮什么角色都使人生疑，过关卡时只能急中生智、见机行事，好在一路还算顺利，按时到达了霍邱。把两位女同志交给县动委会，做了简要汇报。第二天她们去新四军，我反向去立煌。

青年剧团里十九、二十工作团的老人儿见了我非常高兴，我也有重逢之感和亲情之意。剧团演出任务很重，能记得的剧目有《一心堂》《弟兄们拉起手来》《渡黄河》《黄河大合唱》《汪平昭协定》等等。我在《黄河大合唱》中担任“黄河边对唱”和“黄河颂”独唱的A、B角儿，有时充当一下群众演员，还负责剧务和舞台布置，外联工作和群众工作也都是分内之事，虽然每天工作很繁忙，但我心情很好。国民党安徽省政府主席李品仙走了以后换来了廖磊。一天廖磊来看戏，我们演出《汪平昭协定》，这是剧团拿手的招牌剧和保留剧目，孙其珠同志饰汪（精卫）太太非常到位，也很成功，没想到一下子被廖磊看上了，当时提出要娶孙其珠同志做姨太太，这可是个大麻烦，全团都紧张起来。郭铭（省动委会青年抗敌协会青年干事、任青年剧团地下党支部书记）同志、团长张望同志紧急磋商，决定由我负责掩护，马上与孙其珠同志调换名字，暂时做了些隐蔽工作。省主席手下几个人闯进后台，开始很客气地找孙其珠，我不紧不慢站出来说：“我是孙其珠。”来人对看了一下，嘴里念叨着：“孙其珠不是女的吗？”他们几双鹰犬的眼睛在屋里扫来扫去，又和在场的人对了对目光后又看向了我，我还是原话：“孙其珠就是我。”我想好了，不管发生什么情况，也要把自己的同志保护下来！他们有些愤怒，但最后还是走了。我们想这事肯定没完。果不其然，两天后他们就返回来了，并且是有备而来。先向剧团要人，接着审我，看来他们对孙文涛和孙其珠的来历进行了研究，开始盯上了现在使用孙文涛名字的这个人，我社会经历比较多，这方面有些经验，这次挺身而出，不断地同他们作斗争，使他们得不到任何有用的东西，只能无功而返。他们走后孙其珠立即改名方林。此后他们接二连三来团里要人。当他们发现方林的时候，孙其珠又改名战韬，把方林的名字送给了我。此时，剧团花名册中孙文涛、孙其珠的名字消失了。不久，孙其珠四易其名（记不得叫什么了），把战韬的名字又送给我，我很喜欢这个名字（后来我在新四军二师四旅参谋处负责侦查科时沿用了这个名字，旅长梁从学见面就夸这个名字好），也用了很长时间。经过全团的努力，终于摆脱了纠缠，躲过了这一劫。

1939年入冬，国民党加紧了“反共”活动，不断制造摩擦，在全国范围内掀起“反共”高潮，大别山地区形势

急剧恶化，党的抗日力量很难在立煌生存了，全省地下党的撤退任务已基本完成，省委决定：除必要的隐蔽人员留下继续坚持地下工作外，其他人员一律转入新四军。剧团实行内紧外松，一方面紧锣密鼓做撤退准备，一方面大演特演戏剧（每天都要上 1 ～ 2 台大戏）继续麻痹敌人。出发前一天晚上，在排练场的土台子下面召开了一次支部大会，这在白区是少有或是仅有的（党的纪律是不允许的），可见形势到了相当危急的时刻。郭铭书记在会上传达了上级指示，讲清了为什么要走和撤退路上的要求，决定由我负责打前站。印象中参加会议的有张望（团长、副书记）、孙其珠、徐曙、唐朋、陈庆群、黄启民、毛健等人。

剧团第一站是霍山，这是我的入党之地，亦是终生不忘之地，现在就要撤离了，我的心情难以言表（事实上六十多年过去了，我一直没有机会回来看看）。王昭诠同志安排很周到，临走时把晓河、李彬（女）两位同志交给剧团带走，支部通知我和两位同志建立一个党小组，我为组长（这是第二次任党小组长），第二站舒城很顺利，我们还在那里过了新年。第三站庐江是专员公署所在地，专区动委会指导员杨思久（王博渊同志的爱人，地下党的地委书记，原中纪委秘书长）同志、县动委会指导员郭石同志热情接待了我们，并尽快安排我们启程。最后一站是无为，国民党要对青年剧团下手了，由于提前得到了情报，采取了紧急措施，我们摆脱了敌人追击，胜利突围到达新四军江北游击纵队驻地——无为县城西开成桥。

青年剧团最后一批撤出白区的同志，到了新四军好像回到家一样高兴，特别是见到了许多在此集结多日的原十九、二十工作团的老人儿和在白区工作过的老同志老领导，真有离别一日胜三秋之感。在白区撤出来的这五百余人临时成立了青年大队，杨思久同志任大队长、郭铭同志任教导员，下辖三个中队，一中队队长王昭诠同志、指导员周海荣同志；二中队队长马洪范同志、指导员张炎同志；三中队队长名字忘记了、指导员乔家云同志，每个中队下设 3 ～ 4 个区队（总共约有 12 ～ 13 个区队），区队下还设有班、组。记忆中有郭石、固平、晓河等同志任区队长，大队还设有直属女区队和直属武装区队，孙其珠同志和我分任队长。直属区队长在党内都任支部书记，这是我第一次任党支部书记，觉得责任大、任务重，毕竟只有二十三岁。可以看出青年大队的骨干基本上是原十九、二十工作团和青年抗敌剧团的老人儿，应该说十九、二十工作团和青年抗敌剧团在大别山地区地下党工作的贡献是巨大的，成绩是显著的。

青年大队组建后进行了短期的入伍前训练，包括政治理论、军事常识和基本操练等科目。理论课由孙以瑾同志讲《论持久战》，大家听得很认真，效果不错。不久青年大队要继续北上。几百人的队伍要通过日军严密封锁的淮南铁路，谈何容易！直属武装部队的任务是负责开路、断后和必要的战斗等军事保障。我感到很有压力，眼下这几百人是几年来我党在白区积蓄的力量和家底儿，是安徽地下党多年的心血，他们中间有学者、名流、教授、艺术家和热血青年，是各方面的高级人才，不仅是抗战的栋梁，也将是未来创建新中国的宝贵财富，能否平安过（铁）路，我心里没底。

对此，我狠抓了两条：一、政治思想教育。强调用鲜血和生命完成过路任务，出发前还请杨思久同志、郭铭同志做了战前动员，激发战士的斗志。二、强化军事训练，实际上是速成。名为武装区队，事实上除我以外都没打过仗，没摸过枪，需要从最基础的讲起。我向大家简单介绍了“班排战斗”，突出掩护科目（全队只有十余支破枪，平均三人一支，子弹总计两百三十发，我当游击队长时带过来的德国驳壳枪算是最先进的武器了，所以根本就不具有任何攻击力）；重点讲清队伍进行中的护卫；驻防时的警卫及哨位（固定、流动）设立原则、目的、任务及遇到情况的处置。各个中队、区队也都进行了一些必要的准备，之后，青年大队很快上路出发了。

行进队伍按序列，一中队四个区队最强摆在前部，三中队三个区队走在队尾，大队部、女区队随二中队在队中行走。武装区队也同样按序列安排，我带着最强的一班走在整个队伍的最前面，负责战斗任务，副队长领二班负责断后和收容任务，三班随大队部在中部负责警卫和通讯联络工作，此外我还挑选了四名有些经验有点能力的战士做尖兵，负责队伍前方 5 ～ 10 里范围内的侦察工作。上路的头两天走在我军的防地很安全，第三天进入游击区，队伍紧张起来，我们向后队传达的口令也增多，大家来自五湖四海口音不一，时有误传发生笑话，好在未发生敌情，全当基础科目训练了。傍晚接近铁路 4 ～ 5 里路时，队伍停下休整，做过铁路前的准备。我带武装区队班以上干部和一班的战士摸上铁路进行实地侦察，交代任务。要求整个队伍天黑后隐蔽行进，集结在距铁路两里处低洼的菜地待命，上半夜过路！

淮南铁路全长两百余公里，东起南京西至合肥，是日军严格控制的重要交通线。我们在淮南铁路中部选好的过路点上认真做了侦察，发现炮楼很多，间距 4 ～ 6 公里，相互可见，每个炮楼配有七八个伪军，战斗力不强，平时不敢出来，但是，日军的铁甲车一个多小时就巡逻一遍，这就决定我们过铁路时间不能超过一小时。我派一班和二班在过路点东西两侧 60 ～ 70 米处设置战斗警戒，监视两边炮楼的动静；另在一百米开外各派一个固定哨，每个哨上派两个哨兵，负责监测铁轨响声。根据侦察资料，听到铁轨响声后约二十分钟铁甲车会经过，所以得到哨兵报告再做准备还来得及。现在一切安排妥当，就等眼下铁甲车过去，在下一次铁甲车经过之前通过铁路。

二更天过去了，我把三班调上来隐蔽在路基下静静等待着。一刻多钟的时间就听到铁轨传来了声响，由小到大、由弱到强，不一会儿就看见铁甲车由东开过来，黑乎乎的样子有些可怕，特别是新战士越看越紧张，我也有些担心怕出问题。铁甲车的速度并不快，在距离 40 ～ 50 米时，能见到一个日本兵在车上转动一个破探照灯，在搜索前方的疑点。铁甲车不紧不慢地过去了，我和大家都松了口气，铁甲车消失在西边的夜色中时，我们耳边还在响着隆隆的声音。我派通信员飞跑到后面通知大队跑步前进，抢过铁路！我心里明白，现在是争分夺秒，每分钟就意味着鲜血和生命，恨不得队伍一下子能飞过去。

一中队上来了，我向王昭诠同志做了简要交代，并把我的三班分给他一半，

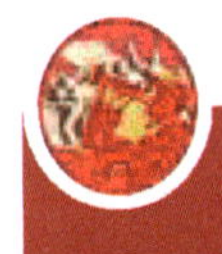

到路那边组织部队集结和设置警卫，剩下半个班和我在铁路两旁组织大队过路。杨思久同志和郭铭同志很快也上来了，一边听着我的汇报，一边组织过路。二中队开始过路了，马洪范同志也到了，杨思久同志向我们交代了一下就过去了。二中队相对庞杂，老的小的和很多女同志，还要挑担子等，困难比较大，我身边这几个战士可就忙开了，扶了这个又扛那个。后来听说他们在集结准备阶段，因为都没有战斗经历，口令不规范不统一，大家又高度紧张，在黑咕隆咚的湿洼菜地里深一脚浅一脚，一会儿跑，一会儿停，一会儿站立，一会儿卧倒，形成前后队相撞，还有栽跟头的、掉东西的、踩丢了鞋回去找的，看来他们还真受了很多磨炼。

我在铁路中央把队伍迎过来送过去，见到了许许多多熟悉的面孔，特别是见了原十九、二十工作团和青年抗敌剧团的老人儿更加激动，毕竟是在白区从事过地下党工作、经受过严峻考验并建立了深厚革命友谊的老战友啊！无论男女老少都使劲儿地握着我的手不愿松开，当时紧急得很，不容多说话，但我非常理解老战友们的心情。当他们爬上铁路紧紧握住我的手时，表情异常激动和兴奋，从眼神中流露出，对我在最艰苦最前方为全队安全过路作出的努力表达一种感激和慰问之意，当他们走过铁路中线时还用力握着我的手，回过脸投出依依不舍的目光，此时此刻，他们想要说出的心里话是：我们平安地过去了，你还要在危险的岗位上坚持战斗，老战友一定要多多保重！老战友一定要早点平安地回来啊！记得孙其珠同志过路时双手紧紧握住我的手，急切地问十九、二十工作团和青年抗敌剧团的老战友们是否都过去了。我说都有谁过去了，还有一些在后面，我一定保证他们的安全！孙其珠同志放心地下路了，随着队伍很快消失在茫茫的夜幕中。老战友的情谊是伟大的、牢不可破的，一切思想火花的碰撞、情感热流的交融、相互牵挂和鼓励都在这不言中。

三中队人数少些，过路比较顺利，大队过路从开始到现在已有半个钟头了，已经胜利在握。我下达撤回哨兵和调回警戒班的命令，又令一班和三（半个）班随三中队过路，二班断后扫尾！最后一个区队过路开始了，我向二班长做了一些交代后，也跟着下路，去赶大队部。我走后约 3 ～ 5 分钟整个队伍就都过来了，恢复原序列行进，紧张劲儿过去了，但毕竟还未通过游击区，大家并没有放松警惕，还是脚步不停速度不减。第二天黄昏终于到达新四军四支队驻地——滁县（今滁州市）！在一片欢庆中我心里的这块石头也落了地。

青年大队在四支队休整了两天，又去（津浦）路东新四军军部，其中一部分同志留在军部，一部分同志分配到各个支队，基本上从事政治、文化、文艺或根据地的政权、群众等工作，我和极少数同志留在了四支队。我在抗大毕业后又干回老本行——军事工作，与大别山来的老战友们分开了，他们中间有的同志后来牺牲了，也有很多同志至今没有再见过面，但我时刻都在想念他们——老战友们请保重！

历史证明：只有共产党才能救中国！只有中国共产党倡导和建立的广泛的抗日民族统一战线，才能使中华民族第一次取得反抗外来侵略战争的胜利！为了民族的希望和社会的进步我执着地追求共产党的道路走对了，我为此骄傲和自豪。这篇文章谨以怀念在抗日战争中作出了重要贡献的老战友们，也以此纪念中国人民抗日战争的伟大胜利。

革命熔炉温暖的家

文 / 周建本

1937年秋冬上海失守，我家从江苏常州逃难到了安徽全椒，在程家市、古河、赤镇一带两年的逃亡、流浪中，我亲眼见到日军杀人放火，无恶不作。1938年，国民党“桂系”第七军来到古河地区，他们不打日本兵，反倒欺侮老百姓，人民生活在水深火热之中。

1939年初冬，大批知识分子、青年学生由于不满国民党消极抗日，积极“反共”的政策，纷纷前往新四军创建的抗日根据地。我在大姐、大哥的带领下，也参加了新四军。

参军时，我尚不满十三岁。第二天，一位首长（后得知他叫刘顺元）找大哥和我谈话。他见我年纪小，对我说：“这位小同志也来了，欢迎，欢迎。不过要知道，新四军现在的环境是很恶劣、艰苦的，并有生命危险，要充分做好不怕困难、不怕牺牲的思想准备。”谈话后，我们被分配到新四军江北游击纵队教导队政治队学习。

在政治队学习的三个月中，指导员以《你是灯塔》《新四军军歌》《三大纪律八项注意》三首歌曲为基本教材，进行政治教育，使我知道了中国还有个共产党，并初步了解了党的性质、宗旨和任务，党领导的八路军、新四军是全心全意为人民服务的军队等基本知识。

三个月后，我被分配到滁县（今滁州市）四区工作。因为我读了三年小学，算是个“知识分子”，所以教战士唱歌、识字、书写标语、抄写田亩册等都有我的份。

经过教导队学习，政治觉悟有了提高，我便要求去斗争第一线工作。1940年春，抗日民主政权刚刚建立，根据地经济很困难，区政府有一项任务，逢集时到几个集镇去收税，我也参加过这项工作。当时还维系着国共合作的局面，每次收税都能与国民党的税收人员相遇。所以，税收工作不仅是一个经济问题，还是一场争取群众的政治斗争。

我们只向往返于敌占区、国统区和根据地的商人收税，而且税率很低，对农民自产自销的物品是不收税的。国民党税收人员歪戴着礼帽，嘴上叼着烟，袒胸露怀，哼着小调，在这个摊上抓一把瓜子、花生米，在那个摊上拿一包香烟，从不付钱。而且不分青红皂白，一个摊位一个摊位地挨着收钱。

为了防止重复收税，我们跟他们协商，以街中心为线，我们收东边的，他们收西边的。结果，经过两次逢集，在西边摆摊的都跑到东边来了。西边有的店铺老板，因为对国民党税收人员不满，见他们来了，关了店门，跑到东边来摆地摊。我们对摊主和和气气，他们对摊主常常动手动脚。

他们还常向我们挑衅，说什么“我们是正统的国民政府派来的。你们是非法的……”我和另一名办事员便指着他们说：“你们看看自己，歪戴着帽，敞胸露怀，哼着小调，拿了老百姓的东西不给钱，还要打人骂人。你们哪像收税的，我看像流氓、地痞、土匪……”他们无理可说，便举起枪来对着我们。战士把我们拉到身后，也举起枪说：“你们想干什么？我们手里拿的可不是打狗棍啊！”他们这才没趣地走开了，围观的群众看了哈哈大笑。

回到区政府，副区长对我们说：“今天大家表现不错，小周、小刘勇气可嘉，但要注意提高斗争艺术。”我睁大了眼睛问道：“副区长，什么叫‘斗争艺术’？”副区长说：“斗争艺术就是斗争方法。拿今天的情况说吧，那么多群众围观，如果乘这个机会向群众宣传我们的税收政策，说明我们收的税是为抗日服务的，将会给国民党税收人员更大的打击。”

1943年，我在五旅文工队工作。有一次，队里需要了解一些伪军的情况，要我到滁县县委敌工部去了解。第二天清晨，敌工部长要我换上旧便服，给我一支手枪，对我说：“这是自卫用的，但是必须向你声明一条，一旦有了情况，你的任务就是撤退，我和警卫员掩护你。”我对部长说：“我已是参军四年的老兵了，我们应该互相掩护呀！”部长严肃地说：“你在我们眼里还是一个孩子呢，我要对你的安全负责啊！”

我们三人到了离伪军据点只有一里地的一个村庄，进了孤立于村外的两户农民家中，警卫员在门外放暗哨。

不一会，一位伪军排长进了屋子，部长把我向他作了介绍，说：“这个小孩叫周进（化名），今年十六岁，已经是新四军里的一个‘小老兵’了。江苏常州人。”

伪军排长连声说道：“惭愧，惭愧！”他说：“我原来也是一名爱国的热血青年，抗战开始后怀着满腔热情，参加了国军，谁知不久这支部队就投降了日军，还声称什么‘曲线救国’。我反正决心已定，现在只是还有一个老母亲需要照料，我把她安排妥当，便投奔你们一块儿抗日……”

看来他们已不是第一次接触了。部长忙对他说：“我们完全理解你的心情，你是一个有远见的青年。爱国是不分先后的，你只要不做对不起祖国和人民的事，力所能及地去做对抗战有益的事，都是爱国的表现，人民是不会忘记你的。”

说到这里，我从口袋里掏出了一张纸，上面是两段莫明同志谱写的歌剧的片段，一段是描写根据地群众春耕生产情景的，歌词是：“……春雷响，春天到，春耕时节来到了。家家户户备耕忙，

珍惜春光最重要。立春之后是雨水，惊蛰以后是清明。田地翻得松又匀，撒把种子生下根，一场雨儿芽儿嫩，数日之后遍地青……”另一段描写的是根据地群众虽然处于抗日烽火之中，但仍不忘建设美好家园。人民群众过着自由愉快的生活。歌词是：“……夕阳好，夕阳好，夕阳无限好，只是黄昏到。快把稻场扫一扫，吃罢晚饭洗个澡，陪着哥哥嫂嫂，月亮底下摘葡萄……”

那位排长看后说道：“我们这里是一片黑暗，你们那里是一片光明。小弟弟，这两首歌我拿回去抄一抄，今后设法还给你，可以吗？”我说：“就把它作为见面礼送给你吧。”

我们三人回到县委后，部长对我说：“小周，你的两张歌词带得好，可以帮助这个排长了解根据地情况，把根据地和敌占区加以对比，辨别哪里是光明，哪里是黑暗。这就是斗争艺术，你还真有心眼儿。”

1940年秋，我在《新民主报》社工作。彭康同志带领包括报社在内的一些机关、警卫连到新区开展工作，住在肖家围子。

土顽牛登峰得知彭康只有一个连的警卫，认为这是占便宜的大好机会，便派了好几百人偷袭，企图将彭康等人消灭。

一天，大约半夜时分，突然枪声大作。从两个方向的枪声听得出来，敌人正在对肖家围子实施包围，警卫战士阻击的枪声通知和掩护机关迅速转移。不到十分钟，报社的同志已在大门内集合完毕，事务长对大家说：“我打开大门，大家按前天的计划行动，成三路纵队迅速进入稻田，一个紧跟一个，向前约一里地外的预定地点集合。不要说话，更不能吸烟。”

大门一打开，大家依序而出，刚进入稻田，只听扑哧扑哧几颗子弹擦地而过。事务长随即命令：“匍匐前进！”毕竟没有经过严格训练，大家个个像青蛙似的向前爬行。爬着爬着，只见几米开外隐隐约约地有几个人影，并向我们发出“口令”，朱社长立即回答“大海”，对方知道是自己人，也立即回答“黄海”。因为朱社长常到上面开会．彭康同志的警卫员听出了朱社长的口音，便压低声音问道：“你是朱社长吧？这里是彭书记（彭康曾任中共安徽工委书记）。彭书记的眼镜掉了，行动困难。请大家在身边摸一摸，看能不能找到。”于是大家边向前爬边在地上摸。不一会儿，眼镜就被我摸到了。我轻声地对姐姐说：“姐姐，我摸到眼镜了。”姐姐说：“你灵活，快弯着腰送过去。”

当我把眼镜送到彭康同志那里时，他对我说：“小同志，谢谢你，帮我解决了很大的困难啊。你不要再往回跑了，和我们一道转移，到了集合地再归队吧，这样可以减少些危险。”听了这句话，我感到了一种特别的关怀。

参加新四军后，无论到哪个单位，领导和同志们都鼓励我到各种斗争中去锻炼，在工作、学习上帮助我提高，在生活上也处处关怀、照顾着我。鞋子不够穿，老大哥为我打草鞋；衣服破了，老大姐替我缝缝补补。在危急时刻，他们总是把危险留给自己，把安全给予我，使我在较短时间里，锻炼成了一名合格的新四军战士。这么多年过去了，我常回忆在新四军的那段战斗历程，对我来说，新四军既是革命的熔炉，更是我温暖的家。

回忆皖南事变的严峻日子

文／潘友宏

1941年1月初，抗日战争正处于艰难的相持阶段，蒋介石推行“攘外必先安内”的反动方针，视我党领导的抗日人民武装为心腹之患，必欲置其于死地而后快。当新四军从坚持抗战的大局出发，挥师北移的时候，蒋介石密令顾祝同调集七个师的重兵包围截击，阴谋发动了震惊中外的皖南事变，造成了新四军数千将士的严重伤亡。这一血的历史，我们是永远忘不了的！

筹粮饷 准备北移

1941年元旦，部队知道即将要离开皖南北移，大家怀着对皖南人民的深厚感情，争先恐后地为老乡做好事。有的用茅草为房东修缮房檐，有的拿起刨、凿为群众修农具，有的抡起斧子为老乡劈木柴，军部宣传队还为群众演出了文娱节目。群众也抬着肥猪，提着鸡蛋，抱着军鞋，热情地来慰问我们。因我当时是新二支队的供给处主任，一天到晚忙着做北移的后勤准备工作，所以没时间和大家一起过新年。

我们新二支队于1940年12月正式成立，司令周桂生、政委黄火星、副司令冯达飞、参谋长谢忠良、政治部主任钟得胜。下辖老三团两个营、新三团三个营，另有一个直属分队。我每天都在这些团、营、连等单位间奔波，检查他们的被装、粮食、骡马、炊具、扁担、箩筐等是否齐全，凡是缺少的、损坏的，我都要立即想办法补上。

俗话说：“兵马未动，粮草先行。”部队一拉出去，吃饭是一件大事。由于蒋介石发动皖南事变蓄谋已久，顾祝同秉承蒋介石的旨意，采取欺骗、拖延等种种手段，一直扣发新四军的粮饷。我们快要北移时，项英同志还派政治部主任袁国平与顾祝同交涉，希望会发给我们弹药和粮饷，结果顾祝同敷衍搪塞，根本不给解决。而我们平时储备的粮饷很少，有的单位如兵站、医院一向都靠购粮吃饭。为了给部队北移准备行军粮，我们只好临时派出几十个人，分头到各乡各村收购粮食。当时已接近年尾，群众的余粮也不多。当我们说明新四军要去打日军，需要行军粮时，群众纷纷

叶 挺

叶挺（1896—1946年），中国人民解放军的创始人和新四军重要领导人之一，闻名国内外的军事家。他带领的独立团在北伐中被誉为“铁军”，他参与指挥南昌起义并出任前敌总指挥，参加广州起义时任起义军工农红军总司令，抗日战争中又出任新四军军长，后在皖南事变中被国民党扣押，他拒绝蒋介石的威逼利诱，写出了著名的《囚歌》以明志。抗战胜利后，叶挺获救出狱后被中国共产党重新接纳为党员后，他与夫人李秀文以及秦邦宪、邓发、王若飞等同志在返回延安途中，因飞机失事而不幸遇难。1988年他被中央军委确定为三十六位开国军事家之一。

把粮食拿出来，有的把仅有的口粮都倒出来给我们，却连一分钱都不要。我们不肯收群众的口粮，他们却说：“新四军帮助我们种地，打了这些粮食。现在要去打鬼子，宁可我们自己不吃，也要支援新四军抗日！”有的群众怕我们不接受，就在深夜里偷偷把粮食放在供给处门外。在广大群众的大力支援下，我们筹集了一部分军粮。

除了军粮，我们的经费也不足，主要来源是靠江北根据地的税收。另外，海外爱国侨胞也捐助了一部分。因此，当时部队的伙食标准每人每天只有五分钱。为了北移，我们连准备这样一笔低微的生活经费都很困难。

正在这个节骨眼上，我们支队新三团的团长熊梦辉同志从江北根据地回来了。他一见到我，高高兴兴地按照老习惯喊着我的绰号：“喂！伙夫头儿，够你忙的吧！给我们准备的钱和粮够数了吗？”

“我跑得脚不沾地，可是经费还不够呢！你带回钱没有？”我显得有点焦急。

“钱不够，我们找你要，伙食尾子也不能少了我们的，我们要买黄烟抽呢！”他故意给我施加压力。我也开玩笑地说：“给你吃上饭就很不错了，谁供给你抽黄烟。”

他看着我，哈哈笑了一阵，亲热地伸出手拍着我的肩膀说：“嗬！你也为难啦！我的‘供给主任’，你还是求求我吧，我从江北带回来几万元，你要不要？”

听他这么一说，我喜出望外地抓住他的手：“嗨！你卖什么关子，快把钱拿出来吧！”说完，熊团长叫来警卫员，交给我一包袱钞票，解决了我们经费不足的燃眉之急。

这样，我们经过努力，准备了一定数量的粮饷。出发前，我们给每人发了3～5天的行军粮，给连以上干部都发了经费。最后，还剩下一些钱，我就用一件里面缝了好多口袋的特制夹背心，装好了钱穿在身上，准备带在路上作机动经费。

进茂林　事变发生

1941 年 1 月 4 日晚上，崇山峻岭的皖南地区，寒风凛冽，细雨绵绵，天黑的像一口铁锅扣在人们头上。我们新二支队全副武装，奉军部命令从何家湾、北贡里开始出发。由于道路又窄又滑，泥一脚水一脚，很不好走。大家在黑暗中一边走，一边传着口令："快跟上，不要掉队！"有的同志看不清路，滑倒了，又立刻爬起来追上部队。因此，前进的速度比较慢，到 5 日傍晚，我们跨过了云岭，渡过了青弋江，进入茂林山区。

6 日拂晓，部队整装继续前进。茂林周围的山峦上缠绕着层层雨雾，泥泞的山间小路特别难走。这阴沉的天气，仿佛有意挽留我们，这坎坷的道路，又好像故意与我们为难。事实上，在我们前进道路上，蒋介石早已指使顾祝同布下了层层包围，妄图一举聚歼皖南的新四军部队。而当时的新四军主要负责人项英同志，没有执行党中央正确指示，犹豫拖延，贻误了时机。最后，还改变了党中央指定的从铜陵、繁昌之间渡江北移的路线，拉着部队朝着旌德、宁国方向背道而驰，一步一步地走进了敌人预谋设置的包围圈。我们走进了茂林山区不远，前锋部队老三团就遭遇到敌人的突然袭击，皖南事变的枪声就像点着的爆竹一样噼噼啪啪地开始打响了。

从 7 日开始，战斗越打越激烈，敌人的包围圈越来越严密，我们前进的道路被封锁，后退的道路被堵死。敌人来势汹汹，气焰嚣张，在山上筑了工事，凭险踞要，居高临下，用密集的轻、重机枪疯狂地扫射，子弹像雨点冰雹一样，打得山石迸飞，硝烟弥漫。面对这样的形势，大家毫无惧色，把满腔的愤怒化作了战斗的怒火。特别是许多从红军来的老战士，他们久经考验，勇敢善战，顽强地和敌人战斗着。我们新二支队从投入战斗到 13 日下午突围，经过了丕岭、星潭、高坦、东流山、石井坑等一系列重大的战斗。我们左冲右突，夺取了一个山头，又攻上了另一个山岭，一天冲锋多达七八次以上。在坚守石井坑的激烈战斗中，新三团团长熊梦辉、政治处主任阙中一指挥部队打退了敌人一次又一次的猛烈进攻。没有子弹了，就端起刺刀肉搏，刺刀戳弯了，就搬起石头猛砸，一直坚持战斗到全部突围，这充分表现出了新四军广大指战员英勇顽强，不怕牺牲，一往无前的战斗精神。

冒弹雨　战场寻粮

随着战斗的进行，后勤工作越来越繁重和困难。开始，我们把伤员送到村子里，组织医务人员进行包扎治疗。后来，伤员不断增多，没有地方安置，我们只好把他们隐蔽在树林和山洞里休息。伤员们互相包扎，表现出了坚强的革命意志。

从 7 日到 13 日，进行了七天七夜的战斗，每个人随身携带的粮食都吃完了。加之事变发生之后，敌人采取残忍手段，把包围圈内的村庄抢光、烧光，有的群众被杀害，有的群众被赶跑，敌人以此切断了人民群众对我们的支援。在坚守东流山的时候，我们在东北边的山脚下挖了土灶，支起了行军锅，煮饭送给打仗的同志吃。炮弹轰隆、轰隆地落在附近爆炸，子弹嗖嗖地打在身边的石头上，我们顾不得躲避，根本不把危险放在心

上，只想抢时间快点煮熟饭。当战斗进行到后一阶段，我军濒于弹尽粮绝的境地。我们从一天送两顿饭减少为一天送一顿饭，最后没有粮食煮饭了，只好发动勤杂人员和女同志找野菜煮好送给部队充饥。我觉得，没有粮食实在不行，就找到军部军需处副处长张元培同志一起商量。

我说："粮食和弹药一样重要，给养就是战斗力，部队没有饭吃怎么坚持打仗？"

他听了我的话，想了一下说："我们组织一支突击队，到村子里去找粮食，你看怎么样？"

我赞成："这个办法可以试一试，我们坐在这里总等不来粮食，到村子里找一找也许还有希望。"

于是，我们组织了十几名武装人员，跑到一个村子里。谁知村里房倒屋塌，一片废墟，东西都被敌人洗劫一空，连狗也见不到一条。找不到粮食，我们就连忙往回撤，在半路上遭到敌人的伏击。张元培同志握着手枪指挥我们一边抵抗一边撤退。突然，敌人扔来一颗手榴弹，轰隆一声炸倒了三名战士，我和张元培同志跳进一个沟坎里隐蔽，炸起的泥土落了我们一身。

在这样严酷的情况下，要想找到粮食是不可能了。怎么办？我们做供给工作的总不能看着大家挨饿啊！再说，同志们空着肚子战斗，比我们自己饿肚子还要使我们难受。我和张元培同志商量了一下，感到唯一的办法就是宰杀军用骡马。我们把这个想法告诉了大家，有的同志说："我的马不能杀，它是与我出生入死一起战斗出来的。"有的饲养员说："我的这匹骡子驮得多，跑得快，比马还强，舍不得杀。"打过仗的人都知道，战士对自己的战马就像亲密的战友，是很有感情的，不到万不得已之时，是决不肯宰杀战马吃的。为了使打仗的同志能有一点充饥的东西，我们只好将此事请示支队首长。黄火星政委听了我们的报告，果断地决定："杀，首先把我的战马杀了分给大家吃！"

于是，我们立即杀了骡马，煮熟了，派人挑着，冒着敌人纷飞的炮火冲上阵地送给打仗的同志们。剩下的一些骡马杂碎，我们都送给了伤员和其他非战斗人员。大家拿着骡马肉，知道已经完全断粮，有的咬一两口就装在空粮食袋里，舍不得马上吃掉，准备在突围时吃下去和敌人做最后的战斗。

鼓士气　叶挺讲话

皖南事变发生之前，项英同志极力主张"一切通过统一战线"，对蒋介石发动皖南事变的阴谋毫无警惕和准备。皖南事变发生之后，项英同志处置失当，在战斗最危急的关头，竟然离开了部队。叶挺军长在这艰难严峻的时刻，接受了党中央赋予的全权指挥皖南部队的重任。他独力支撑，把生死置之度外，直到被俘之前，始终和部队在一起，英勇无畏地指挥着战斗。当我们转移到东流山时，在与敌人争夺坑口的激烈战斗中，叶挺军长冒着炮火亲自在战场上指挥，极大地鼓舞了部队的战斗情绪，一举夺取了坑口阵地。

11 日下午，连日阴雨的天空露出了一缕明亮的阳光。在一个紧张的战斗间隙里，叶挺军长镇静地站在石井坑的一个山坡上。大家在这个苦战的时候，看到他那高大魁梧的形象，都非常激动，呼啦一下子把他簇拥在中间，黑压压地

途经茂林镇的新四军

突围出来的新四军一部

1941 年 1 月，新四军军部及直属部队九千多人奉令向北转移至皖南泾县茂林地区时，遭到八万多国民党军队的伏击，除傅秋涛等率两千余人突围外，大部阵亡或被俘。军长叶挺被扣，副军长项英等遇难。史称“皖南事变”。

站满了一山坡。大家都仰起脸望着他，希望听到他那亲切有力的讲话。我看到叶挺军长抬手拢一拢被风吹乱的头发，目光炯炯地扫视着大家，好像正在庄严地检阅着面前的千军万马一样。他那沉着冷静、英勇刚毅、指挥若定的英雄气概，强烈地感染着我们每一个人。他默默地深沉地对着大家看了一阵，然后威武地挺直身子，精神抖擞地放开洪亮的嗓音讲道："同志们！目前的形势是很清楚的，蒋介石卑鄙无耻，设下阴谋诡计，把我们团团包围在这里……但是，我们新四军顾全大局，坚持抗战，光明磊落，正义在我们这一边，敌人是没有什么可怕的！为了抗日，为了人民，我们赴汤蹈火，在所不辞！我们新四军就是在这里被消灭了，革命的火种也是永远不灭的！留得火种在，不怕不燎原！同志们，哪怕只剩下一个人，我们也要战斗下去！"

叶挺军长的讲话，慷慨激昂，字字铿锵，表现了革命战士的坚强意志和赤胆忠心。他的讲话，像洪钟一样在山谷里震荡回响！像烈火一样烧旺了大家的战斗意志！像战鼓一样鼓舞着每一个战士勇敢杀敌！听了他的讲话，我们都下定了决心：一定要打出去！一定要为革命战斗到底！

巧设计　智渡青弋江

13日，炮声不绝，枪声不断，千崖万壑，战火弥天，敌人以更加猛烈的炮火，集中轰击着我东流山阵地，并且由敌四十师、七十九师组织了整营、整团的兵力轮番向上冲锋。这时，我军伤亡很多，战斗人员锐减，缺乏后援部队和足够的弹药，尤其是对付冲锋的有效武器——手榴弹已经用完。就是在这样的情况下，我守卫部队拼命死守，还打退了敌人三次大规模的集团冲锋，战斗进行得英勇而悲壮！

这天下午，我军寡不敌众，东流山终于失守。东流山是我军的最后一个重要阵地，海拔五百多米，如果这个制高点落入敌手，我石井坑阵地将失去天然屏障，完全暴露在敌人的火力控制之下，再坚守下去只能造成我军更大的伤亡。就在这时，新二支队首长召集营以上干部传达了军部的突围决定，要求分成两路向西北方向开始突围，预定从铜陵、繁昌之间渡江到无为地区会合。

突围开始后，我与新二支队政治部主任钟得胜、作战科长王培臣、新三团团长熊梦辉、参谋长张日请、政治处主任阙中一等同志一起从右路冲锋。当时敌人疯狂至极，包围圈层层缩小，越收越紧，大有将我军一网打尽之势，我军突围也是很不容易的。为了给敌人一个出其不意的打击，趁势冲出一个缺口，阙中一同志想了一个办法，组织了几名号手，一齐吹号，一时号声震天，枪声齐鸣，火光熊熊，"冲啊！杀啊"的喊声惊天动地。同志们誓死要冲出去，刀山不怕，火海不惧，尽管敌人用密集的炮火疯狂地轰击，也阻挡不住我们突围的决心。前面的同志倒下了，后面的同志接着向前冲，战士们个个犹如猛虎下山，势不可挡，打得敌人手忙脚乱，顾此失彼。就在这枪林弹雨，血肉横飞的战斗中，我们突破了敌人的严密封锁，冲杀出一条突围的血路。在快到青弋江的路上，我遇到新二支队的副司令冯达飞同志，他穿着一件破旧的黑布袍子，身上溅满了泥点。他急匆匆地拦住我说："喂，有钱吗？快给我一点！"我拿出一沓钞票给了他，他打通伞柄的竹节，把钞票卷成小卷塞在里面。他与我们分手后，我就再没有见到他，据说他被敌人杀害了。

在突围途中，我还遇到一批又一批的伤员。这些同志都很顽强，坚持着要走出去。我给他们每人发了一百块钱生活费，并安慰他们说：“你们拿着生活费，赶快隐蔽起来。叶挺军长说，留得火种在，不怕不燎原，你们要好好保护自己，等伤好些以后再行动吧，我们一定想办法接你们归队！”

他们说：“只要活着，我们一定坚持

下去！你们快突围吧，不要管我们！你们冲出去就是胜利！”

我看着这些为革命负伤流血、出生入死的同志，心里非常感动！他们尽管身陷重围，处境十分险恶，但是始终以大局为重，不叫苦，不沮丧，仍然充满着必胜的革命信心！我觉得，他们不愧是我们新四军最优秀的战士！他们也是值得我们永远怀念的革命战友！

14日，天刚破晓。我跟着右路突围部队冲到章家渡对面的舒溪。这里是青弋江的下游，两岸长满稀疏的竹林和高大的枫树，江面大约有两百多米宽，水流湍急，对面又有敌新七师重兵防守，我们在熊梦辉、钟得胜、阙中一等同志率领下涉水强渡。当我们冲到江心时，敌人的好几挺轻、重机枪嗒嗒地横扫过来，子弹像撒豆似的打得水花冲天飞溅，严密地封锁了江面，使我们寸步难行，在我前面和后面的两个同志都中弹倒下了，当我伸手去扶旁边一个受伤的同志时，嗖地一颗子弹从我旁边飞过，差一点打中我。这时，作战科长王培臣同志站在江心，愤怒地端起一挺轻机枪向着敌人嗒嗒地猛烈射击起来，他完全忘记了自己的危险，只顾抵抗敌人，掩护大家。突然，他的身体摇晃了一下，机枪掉了下来，一颗子弹打伤了他的右手，旁边的同志连忙扑过去把他拉了回来。由于敌人防守火力很强，我们又完全暴露在江中心，毫无隐蔽之处，地形很不利，我们只好赶快往回撤。刚撤回青弋江南岸，又遇到了来自东南和西南方向的敌人的追击，我们这一批突围部队就被打散了。大约还剩一百多人，他们隐蔽在树林里，组织起来，指定了临时负责人，沿着河南岸向东去了。天黑以后，我和十几个同志沿着青弋江向西，一边走一边收容失散的同志。走了一段路，我们转移到焦石埠附近的一个村子里。我们曾经在这个地方活动过，群众对新四军很拥护。我们一到村边，就被一个喂牛的老大爷发现了。他十分感慨地说：“你们新四军是好人，我们老百姓心里都有数。这次你们真吃苦了，快进屋歇一歇吧！”在这位老人的帮助下，我们隐

蔽在一座半截楼的牛屋草堆里过了一夜。次日，为了防止敌人搜捕，我们上山潜伏，等待机会重渡青弋江。不巧，又遇上敌人放火烧山，冲天的大火借着西北风的威力，飞腾旋卷，活像火龙一样在山坡上滚动着，树木枯草被烧成灰烬，竹子被烧得噼啪响，凶恶的敌人妄图一把火把我们烧死在山上。我们躲避着烟火，找到火势小的一条山沟，拼命冲了出来，当晚又重新回到了焦石埠附近。

16日清晨，青弋江上蒸腾起一片白蒙蒙的浓雾，隔着江看不清对面。我们准备从焦石埠再次强渡青弋江。为了弄清情况，熊梦辉同志对两个侦察员说："你们出去看一看，了解一下敌人的活动，再了解一下这里党组织的情况，回头好想办法渡青弋江。"

两个侦察员出去半天，买回来一大包食品。他们报告说："沿江一带，敌人戒备森严，这几天岗哨密布，每隔几十步就有一个哨兵。渡口修筑了碉堡，有敌人一个班防守，这里的党组织还没有遭到破坏，保长就是我们派出的地下党员。"

熊梦辉同志听完侦察员的报告后，拉着钟得胜、阙中一和我商量渡青弋江的办法。他说："照侦察员汇报的情况看，强渡不可能，偷渡也很难，唯一的出路就是智渡。你们有什么想法，快来一起研究一下吧。"

阙中一同志说："要抓紧时间尽快渡过去，时间拖长了会给我们增加困难和危险。"

我说："渡青弋江是我们突围的生死关口，我们不能让敌人拦住出路，一定要下决心渡过去！"

熊梦辉同志一边听我们讲话，一边瞪着眼睛在我身上打量。忽然，他眼睛一亮，好像发生了什么奇迹，高兴地一拍大腿说："嗨！有办法啦，有办法啦！"

我连忙问："有啥办法？"

"你身上有那么多钞票，不是可以发挥枪弹不能发挥的作用吗？"

他一说，我恍然大悟，连忙说："我有的是钱，你有什么用处就快说吧！"

"快叫侦察员去把这里的保长找来，他不是我们的地下党员吗？请他来助我们一臂之力吧。"说着，熊团长凑近我面前，压低声音继续说："我看这样办——你大方点，不要心疼，多掏出一些钱来，让保长想办法收买守渡口的哨兵。另外，再拿出一点钱，给我们每人买一套便衣，化装成敌人的筹粮队。这样，我们不用费大劲，就可以从渡口摆渡过去了。"

熊团长这一说，大家都夸这个办法巧妙。钟得胜同志高兴地和我开玩笑说："碰上你这个'财神爷'，敌人也要让路了。你带这些钞票虽然很危险，可真没有白背，关键时候起了大作用！"

这个办法果然获得了成功！保长买了一些好酒好肉请哨兵们大吃大喝起来。保长热情劝酒。把他们一个个灌得迷迷糊糊的。这时，我们换上了便衣，把手枪藏在腰带里面，扛着扁担，背着麻袋来到渡口。敌人醉眼惺忪地拦住问："干什么的？"保长连忙走过来递上烟，说："哈哈！我只顾了喝酒，差一点忘了公事。这是我的筹粮队，快点让他们过去运粮吧。"敌人信以为真，我们就夹杂在群众之中，大摇大摆地渡过了青弋江。

回忆到这里，需要特别交代一下的是，我们突围到达无为地区以后，国民党顽军趁机袭击了我们。熊团长带着部队去抵抗，他的警卫员小严冲到前边，伏在河边的稻草堆后面向敌人射击。熊团长见敌人快要冲过河来，连忙把小严拉下来，自己伏在稻草堆后面向敌人猛烈射击，这时敌人已靠岸，一颗子弹打中了熊团长，他不幸牺牲了。熊梦辉同志是从红军过来的干部，机智勇敢，很能打仗，在皖南事变的战斗中发挥了重要的作用。然而没有想到他会在突围以后牺牲，我们感到特别惋惜和悲痛。我在当地买了一口楠木棺材，把他埋葬在长江岸边。今天回想起来，还深深地怀念着他！

遇敌人　途中失散

渡过了青弋江，我们专拣偏僻的山间小路前行，躲开敌人的搜索。下午，我们来到水龙山北面一个长满竹子和杂树的山坡上。大家都为通过渡口而感到高兴，同时也感到有点疲劳，就钻在山坡上的树丛里隐蔽休息。由于连日来的紧张战斗，大家实在太累了，一躺下马上就睡着了。我有点不放心，一边躺在杂草上歇息，一边注意观察着周围的动静。下午五点光景，我站起来解手，一抬头，看到敌人从山南面包抄过来。我急忙叫喊："敌人来了，快起来！"

大家从睡梦中惊醒，不知道敌人来了多少，就顺势从山坡向下冲去。我脚上的鞋跑掉了，衣服被树枝棘藤撕成一块块布片，棉花絮被扯掉了，穿在里面的背心也暴露了出来。为了防止把钱丢掉，我就用一根草绳子捆在腰里。

天很快就黑了下来，又没有路可走，敌人没有追上我们。待我放慢脚步向四周一看，只剩下我一个人，其他同志都不知道跑散到哪里去了。天上有几颗星星闪烁着微弱的光芒，周围都是黑乎乎的山峰，远处的枪声时断时续地响着。我从千军万马的战场上冲出来，突然一个人流落在深山幽谷里，不禁感到有一种异样的危险紧紧地包围着我。我在黑暗中摸索着前行，心想：自己1928年参加革命活动，差一点被地主武装抓去杀了。1933年转入红军后，在闽西跟随张鼎丞、邓子恢、谭震林、方方等同志打游击，腿上受了伤，几乎落在敌人手里。这次皖南突围，虽然和同志们失散了，我也不能让敌人抓去！我一定要战胜艰难危险突围出去！一定要到江北区找到部队！于是，我鼓起劲一步一步地向山上攀登。有时认不清方向，我就看着天上星星的方位走。为了避免遇上敌人，我一个人穿树林，翻山崖，尽量隐蔽着走。就这样，我走了半夜，找到凤凰山一个曾经住过的房东的家。他一开门，看到我蓬头赤脚，一身破烂不堪的衣服，以为是乞丐敲门，便问："深更半夜的，你干什么？"我说："我是新四军，你不认识啦？"他听了，"啊"的一声，又惊又喜，连声说："快进来！"他一把把我拉进屋里，忙着端出饭来让我吃。他打量着我装着东西的背心，误以为我还带文件，轻声说："哎哟！同志！你身上带着这些文件太危险了！"

我一边大口吃饭，一边回答说："不要紧的。反正有它危险，没有它也危险，我要把这些东西带到江北去！"吃完饭，他找来一双旧草鞋让我穿上，又包了一些锅巴送给我作干粮，然后悄悄地送我走出村口，他指着山岗上有一户亮着灯的人家对我说："刚才有几个同志向山上去了。你朝那个方向走，就可以找到他们。"

我按照他指点的方向，果然在山上

找到了阙中一等几位同志。敌人把我们冲散了几个小时，我们互相担心着，现在重新见了面，就像久别重逢一样格外高兴。同志们围着我开玩笑："你真行啊，一个人找过来。我们以为你这个'财神爷'给敌人抓去了，回不来了。"我笑着说："有地方党组织和群众的帮助，别看只剩下我一个人。就像鱼儿游进了大海一样，敌人抓不着我呀！"说着，大家愉快地笑了一阵，都很乐观，这天正是农历除夕，我们几个人集合在山上一户群众家里。虽然四周的敌人搜索很紧，但这户群众待我们像家人一样。他把煮了准备过年的母鸡和其他菜都拿了出来，热情地请我们吃，还不顾自己的危险，趁着深夜天黑，摸着崎岖的山道给我们带路，一直把我们送到沙洲。

渡长江　突出重围

沙洲在长江边上，是我们的根据地，群众基础好，我们决定从这里渡长江。

在沙洲，我们找到了铜陵中心县委书记张伟烈同志，请他帮助我们找船渡江。张伟烈同志见了我们很热情，他说："同志们冒了这么大的风险，真是辛苦了！快喝点水，吃饱饭，好好休息一天。这里的事情你们不要管，都包给我办了！"然后，他又告诉大家，江北还有日军"扫荡"，暂时不能过去，可以先做好准备，等待机会渡江。张伟烈同志是个细心人，看见我穿的背心鼓鼓囊囊有点特别，伸手拍一拍问："这是装的什么宝贝，还背着它突围？"

我告诉他是带的部队的经费，他一听非常惊讶，关心地说："这么多钱你都背出来啦，真是腰缠万贯，你可要小心啊！"

我说："一路突围没有丢掉，也没有被抢走，到了你这里就更没事了。"

在张伟烈同志的周密安排下，我们决定采取迂回过江的办法。为了摆脱敌人的搜查追捕，我们先乘船到江北的陈瑶湖隐蔽。陈瑶湖面积很大，湖滩上长满了芦苇和蒲草。虽然是冬天，这些枯草也是隐蔽的好地方。我们到达之后，恰巧遇到了挺进团团长林维先同志。他勉励我们说："你们冲破千难万险，突围出来很不容易。你们要经得起严峻的考验，到江北以后继续干！"然后，他详细地给我们介绍了大别山以东和无为西乡一带的敌情，特别要我们注意防备驻安庆的日军一一六师团和驻桐城的国民党顽固派一七六师。他说，这两股敌人经常出来"扫荡"，要警惕他们的突然袭击。

我们在村里正要安排休息，日军和伪军又出来"扫荡"了。林维先同志指挥部队抵抗，掩护我们到湖荡里躲避。我和几个同志想从湖滩上推下一只小船来划着进湖，日军紧紧追上来向我们开枪，我们丢下小船急忙掏出手枪来还击，边打边蹚着湖水跑。湖荡的深处，高高的芦苇像丛林一样，人钻进去就看不见了。那里面搭着一些芦席棚子，是打野鸭子的农民临时住的。我就和两个同志住在一个棚子里。那位农民对我们很热情，拿出煮熟的野鸭子肉请我们饱餐一顿。当我们在棚子里睡觉的时候，他还在外面给我们放哨，还给我们烤干了湿衣服。晚上，我拿出钱付给他，他也不肯收。我说，这是新四军的纪律，不收不行，他才勉强收下了。临走时，他撑着小船把我们送到长江边的大坝上。在突围的路上，我们处处得到地方党组织和群众的支持，任凭敌人再多，手段再

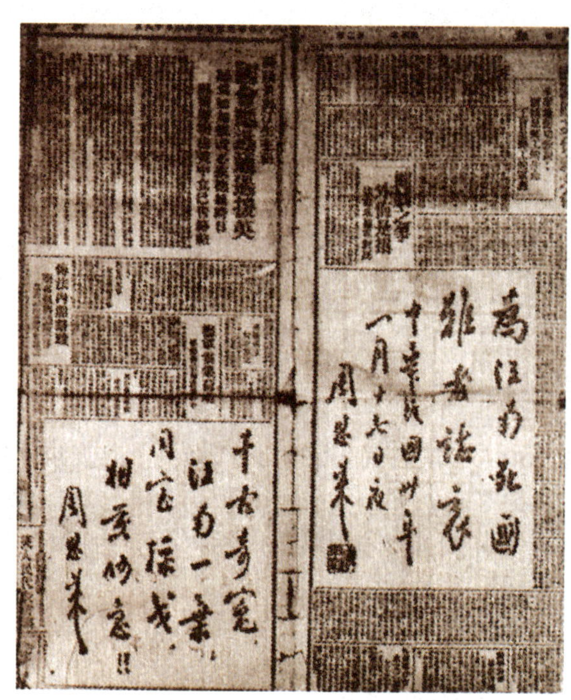
千古奇冤
江南一叶
同室操戈
相煎何急！！
周恩来

为江南死国难者志哀
一月十七日夜
周恩来

周恩来为皖南事变写的诗

狠毒，也无法将我们一网打尽。

由于日军“扫荡”发现了我们，继续住下去不安全。我们就集结了几十个人，又第二次乘船渡长江回到了沙洲。这时又陆续赶来了不少人。张伟烈同志搞来两只帆船，派了船工送我们。我记得，大约是18日晚上，第三次渡长江，天气很冷。长江上风大浪急。有时还有日军的小火轮巡江，遇上了就很危险。但是，这时候我们每个人都充满胜利在望的喜悦，心里十分激动。浪哗啦、哗啦地打在船上，船颠簸得很厉害，然而我们一点也不在乎，只希望船快点前进，恨不得一下子插翅飞过长江去。同时，我们也做好了准备，万一碰上了日军的小火轮，我们就和它拼了，与它同归于尽。当船在泥汊附近的叶家墩子靠岸时，来不及等船下锚停稳，我们就像滩头冲锋一样，争先恐后地下水，飞跑着冲上了长江大堤。这时，先突围到达泥汊的同志都从岸上奔跑下来迎接我们。大家紧紧拥抱在一起，顾不得互相问候，只是尽情地跳跃啊！欢呼啊！说实在的，自从皖南事变以来，我们一直处在紧张的战斗和突围之中，不管处境多么艰难危险，也不管牺牲了多少同志，我们一直很冷静，没有哭过。可是，现在突围出来了，与同志们会合了，我们的眼泪再也抑制不住了，就像泉水一样涌流出来，我们为突围出来而激动地哭！我们为死难战友而悲痛地哭！同时，我们也为蒋介石施展如此阴险狠毒的手段而痛恨得哭！皖南事变，真是旷古罕见的阴谋，也是千载少有的奇冤啊！我们这些幸存者，怎能不为此而激动，怎能不为此而悲痛？送我们过江的船工看到这种情景，也抑制不住激动的心情。一个船工走过来拉着我的手说：“同志，你们什么时候再打到江南来？我们盼望着你们早点回来啊！”我说：“请你回去告诉乡亲们，新四军是打不垮、杀不尽的！我们一定要打回江南，要解放江南！”说完，我紧紧握着船工的手，把他送到江边。他撑着竹篙，一跃就跳上了船。我

皖南事变烈士陵园

站在江岸上，一直目送到看不见船了才往回走。我觉得，我们能够突围渡过长江，全靠人民群众一路上的掩护和帮助。人民群众是我们最有力的后盾，任何时候，只要不脱离人民群众，我们就有不可战胜的力量。

留火种　势成燎原

从残酷的皖南事变中突围出来，我们又气愤又悲痛的心情是难以平静的。一连几天，我总是不由自主地回想着在皖南生活的三年。那里的高山峻岭飘扬过新四军的红旗，那里的安静山村住过我们的部队，那里的潺潺小河，有我们建筑的木桥，那里的每家每户都有我们认识的大爷大娘……特别使我难忘的是，我们有多少朝夕相处、并肩战斗了三年的首长和战友，而今却在那里流血牺牲了。他们那熟悉的面容，英武的身姿，总是不时地浮现在我的眼前，仿佛他们没有牺牲，仿佛他们仍然和我在一起，每当我想起这些心里就感到无比难过。有一次，我对熊梦辉同志说："我们这次在皖南遭到这样惨重的损失，真是越想越令人痛心！"

熊团长看一看我的脸色，用开导的口气说："你忘记了，你 1928 年参加革命，那是个什么形势？1927 年大革命失败，1928 年革命处于低潮，敌人以为我们被他们打垮了。结果呢？毛主席在井冈山开创了革命根据地，革命的星火又燃烧了起来。1930 年以后，五次'围剿'妄图把我们苏区红军和人民赶尽杀绝，最后我们还是发展壮大起来。现在是 1941 年，形势不同了，这次皖南事变，我们的损失是不小，但是，我们很快就会恢复起来的。"

我说："暂时的失利，当然绝不意味着我们的失败。但是，好多优秀的同志牺牲在皖南，我真的感到痛惜！"

熊团长又说："牺牲了许多好同志，确实可惜，但突围出来的人，都是革命的火种。有这些经过了严峻考验的同志，我们还可以大干！现在要紧的不是回想皖南的损失，而是要抓紧时间开展工作，重新组织队伍！"

休整了几天，心情稍微平静一点的我们马上又开始工作了。突围出来的人纷纷汇集到一起。这时，最迫切的就是要与上级机关取得联系，我们要汇报皖南事变和突围的情况，要取得上级党组织的领导，而我们什么通信工具都没有。怎么办？我们决定首先想办法搞一部电台。这时，我了解到场家沟有一个商人是拥护我们的抗日民族统一战线的，曾经和我们有过来往。他姓姚，名字已记不清楚了。我找到他说："姚老板，有一宗生意想请你出面帮忙，我们一定不会亏待你！"他说："不必客气！生意人以做生意为本，兄弟一定尽力而为！"我提出，请他帮忙购买一部电台，他一听，面有难色："哎哟！买布匹、药品都好办，唯有这件东西不好办！这是军用品，日伪方面查禁甚严。"我又说："姚老板生意通四海，相识满天下。这件东西实在为抗日所急需，还请姚老板多方设法，尽力帮忙！”他沉思了一会儿，对我说：“这件事实在难办，倘被查获，难免有家破人亡之灾！”我见他顾虑重重，犹豫不决，进一步劝说：“姚老板向来以大义为重！若有不测，我们一定尽力保护！”他想了想，下决心说：“新四军坚持抗日，保护民族工商业，利在国家人民。我为贵军承办抗日物资，理所当然！这样吧，我在国民党军中认识一个办军需的朋友，在买卖上有些来往，我去走走他的门子，你看如何？”我高兴地说：“多谢姚老板帮忙。”其实那时伪军中以办军需为名，大搞走私活动的人很多。我们常常通过商人转手，从他们那里买来急需的东西。经过姚老板出面，用高价从伪军中秘密地买了一部五瓦的小电台。当我们架起电台，收听到上级机关的指示时，我们就像失去了家庭的孤儿又找到了亲人一样感到无比的温暖和喜悦。有的同志甚至高兴地把电台捧在怀里，犹如和久别的亲人紧紧拥抱在一起。那种经过皖南事变，渴望与组织取得联系，渴望得到党的领导的心情，没有亲身的体会实在是无法形容的。根据上级党委的指示，我们突围出来的部队新编为五十五团，由新二支队参谋长谢忠良任团长，恢复工作正式开始了。

随着新四军新军部的成立，毛主席的军事思想和军事路线得到有力地贯彻。部队加强了党的领导，健全了政治工作制度，毛主席提出的“军队要执行作战、群众工作、筹款”三大任务重新明确起来。经过皖南事变、群众对新四军更了解、更拥护了。尽管新四军番号被取消，但人民群众同情我们，支援我们。他们不但送来大量粮食、鞋袜慰问我们，而且把自己的优秀子弟送来参军，我们的队伍一天比一天壮大了。在这样的大好形势下，以皖南突围部队为基础又组成了新四军第七师。这时，一部五瓦的电台太小了，不能胜任重大的通讯联络任务，师部曾希圣政委找我购买一部功率大一些的电台。我又去找姚老板帮忙，他通过伪军中的关系，又给我们买来一部十五瓦的电台。有了大功率的电台，我们可以随时向新军部和党中央请示汇报，贯彻党中央的指示也更加迅速及时了。在毛主席军事思想指引下，部队开始了新的整训。为了解决军需，我们设立了征粮征税机构，在白马洲买了缝纫机办起了被服厂，还建起了简易医疗站、医疗所给大家治病疗伤……指战员们从皖南事变中总结经验，吸取教训，化消极因素为积极因素，提高了认识，增强了信心，军政训练和后勤工作都开展起来了，部队又出现了一派生气勃勃的景象，我们开始走上了新的发展道路。

叶挺军长说：“留得火种在，不怕不燎原。”我们新四军不但没有被皖南事变所消灭，而且烈火炼真金，锻炼得更加坚强了！我们的红旗是永远不倒的！我们的战士是永远不可战胜的！革命火种是永远不会被扑灭的！

护送邓仲铭去苏北

文 / 罗　扬

六七十年前，我在新四军上海办事处担任政治交通员。

1941 年 9 月的一个上午，张达平陪同我走进霞飞路（今上海淮海中路）一家咖啡馆，见到了一位年近三十、身穿西装、气宇轩昂的人。张达平轻声地告诉我说："这是我们的领导老杨同志（后来才知道他是新四军上海办事处主任杨斌）！"老杨让我明天护送一位干部去苏北，要我沿途必须保护好他，并吩咐我办妥去张黄港的船票、订好舱位。最后约定明天下午四时在外滩，他把护送对象交给我。

动身那天，老杨准时带来了一位年近四十的同志，并再三叮嘱我途中务必要处处留神。我打量了一下来人，中等个儿，身穿长衫，看上去像是一位教师。我俩扮作去苏北做生意的客商，我是他的伙计，路上要是遇到盘查，由我来应对。

我们乘的安泰客轮，舱位是船上员工让出来的卧室，干净又清静。下午五时，客轮缓缓开出，到了吴淞口船靠码头时，有四五个日本兵牵着一只大狼狗上船"检查"。日本兵将旅客的行李东踢西捣，狼狗用鼻子将行李嗅来嗅去。我和护送的那位干部对视一下，就像没发生什么事一样镇定自若，鬼子兵折腾了一个多小时后才下了船。

第二天早上七八点钟船抵达张黄港，当时港口滩浅，客轮抛锚江心，一群驳船靠近客轮迎客上岸。这时，我随老交通员戴方俊同志头次到苏北时在港镇见到过的一个人主动过来叫我："罗先生，我是王老板店里的。"接应的人来了，我一阵惊喜，立即和护送的那位干部一起上了他的驳船。港岸出口处设了检查哨卡，日本兵和伪警枪上刺刀，虎视眈眈地逐个检查旅客。来接应我们的人主动和伪警打哈哈，顺利地通过哨卡，把我们带进旅店。王老板热情地把我们引进内室，招待我们吃了点心后雇了辆独轮车，把我们送出旅店。

当我们正要步出港镇时，突然被隐在碉堡边的日本兵大声喝住，伪军上来盘问："你们干什么的？"我笑着答："做点小生意混口饭。"日本兵示意我们把鞋子脱下来逐只检查后，一挥手，算是放行了。到下午三时左右，车夫神秘兮兮地向我伸出四个手指，说这里是"四爹"（新四军）活动的地方了。我们精神一振，下车步行。车夫高兴地唱起了《黄桥烧饼歌》："黄桥烧饼黄又黄哎！黄黄烧饼慰劳忙哎。烧饼要用热火烤哎，军队要靠老百姓来帮……"我护送的那位干部也精神振奋地引吭高歌《延安颂》。

尽管我们已赶了六七十里路，步伐却越发的轻松了。

傍晚，我们到“家”了，跨进交通站驻扎的群众家里，我连呼：“储站长，储站长！”出来的是一位大娘，她告诉我说：“上午鬼子、二黄（和平军）下乡掳抢，站长他们不知转移到哪里去了。”我顿时晕了，我只来过这里一次，只认得站长姓储，别的人一个都叫不上名儿来。想到老杨叮嘱“必须保护好他”，我立即拉起那位干部的手向庄子外跑。其时田里高粱已收割，捆成一束一束竖在田里，我们把它权充“隐蔽体”钻进里面。那位同志平静如常地打开包袱，取出一条毛毯，朝地上一铺，我俩默默地躺了下来。此时，我只恨自己上次随老交通员来时，没把周围情况搞清楚，现在可怎么办呢？我正苦苦思索下一步该怎么办时，忽听得有人大声喊叫：“小罗，小罗！”听声音正是储站长，原来那大娘见我俩急匆匆走后，立即奔往农抗会，找到储站长。大娘一说我的模样，储站长马上知道了我必是新来的上海交通员小罗。他怕我们迷路走岔出事故，立即前来寻找我俩。

晚饭后，储站长送我们到离此不远的芦港，这是一个相当大的庄子，新四军一师一旅司令部就驻扎在此地。司令员叶飞一见那位同志就欣喜地高呼：“邓政委，你果然来了！”

次日上午，苏中三地委的书记韦一平、专员朱克靖等同志都来看望邓政委，韦一平说下午要开干部大会，请邓政委报告苏南反“清乡”的斗争情况。

护送任务完成了，我向邓政委告别，他紧握我的手说：“谢谢你，小罗，你真是一个好同志，愿你在工作中好好学习。”司令部派了一个年轻的同志送我到靖江的新港码头，让我乘夜班轮返回上海。回到上海，组织上称赞我任务完成得很圆满。

事后我才知道我护送的那位邓政委是大名鼎鼎的苏皖区党委书记、新四军苏南军政委员会书记邓仲铭（邓振询）同志，那次他是应新四军政委刘少奇之邀，去苏北盐城参加中共中央华中局会议的。

这位身经百战的优秀的中国共产党领导干部，1943年8月3日，在江宁县禄口反“扫荡”中英勇牺牲，年仅三十九岁。当年我护送他去苏北时他遇事的泰然镇定，高歌《延安颂》的神态，令人无法忘怀。我和他告别时，他曾嘱咐我“在工作中好好学习”，这句话，一直萦绕在我耳边。

三审日军战俘

文 / 胡正明

1941 年春，新四军第十六旅四十七团在溧阳黄金山反“扫荡”战斗中俘获日军炮兵班长龟田三郎，随即将他押送旅部由六师参谋长兼十六旅旅长廖海涛亲自审讯。

第一次审讯时，翻译向龟田三郎说明新四军优待俘虏的政策，并揭露了日军侵华的种种罪行。讲了二十多分钟，龟田三郎就是不开口，审讯只好中止。

时隔三天，第二次审讯时，翻译仍然向龟田说明政策——对战俘不打骂、不搜腰包、不虐待、实行人道主义，并端了茶递给他。谁知龟田三郎接过茶杯就摔在地上并将桌子推倒，用日语大喊：“要杀就杀，决不投降。”

站在一旁的警卫员从腰间拔出枪，咔嚓一声将子弹上膛，一把揪住龟田的衣领，说：“旅长，这小鬼子如此反动，我看拉出去毙掉算了！”廖旅长立即上前制止了警卫员。这时，龟田三郎低下头，眼里流出了泪水。

第三次审讯时，龟田三郎一见到廖旅长便深深地鞠了一躬，递上一纸悔过书：尊敬的司令长官，我叫龟田三郎，出生于广岛，今年二十二岁。1940 年应征，受训六个月后被派到中国参加侵华战争，屠杀中国的无辜老百姓，犯下了滔天罪行。我该死，应该被枪毙，贵军的俘虏政策和你却给了我一条生路，我要悔过，立功赎罪……

廖旅长看完悔过书，微笑点头。事后他对警卫员说：“做战俘的思想工作，要耐心细致。第二次审讯，龟田三郎仍态度傲慢，你要拉他出去枪毙，我制止了你。他落泪了，这说明他开始觉醒了。日军士兵为什么顽固不化？是因为他们受军国主义毒害太深了，一旦他们觉悟了，是不会愿意为一个侵略集团卖命的……”

后来，龟田三郎在四十七团机炮连担任军事教员。他严格训练战士，和战士团结友爱。

1943 年秋，在繁昌一次战斗中，他训练的八二迫击炮班以三发三中给予了日军重大打击！在庆功大会上，龟田三郎戴上了大红花。他的故事在苏南新四军中广泛流传。

『熔炉』炼真金

——忆在上饶集中营的斗争经历

文／眭新亚

年轻时的眭新亚

1942年春，国民党第三战区当局电调所属剧宣三队、剧宣十队、东南剧团、政工大队集中上饶进行所谓“集训”。

1942年3月底，我们剧宣三队从福建的沙县调来上饶。山区的早春，仍然是春寒料峭，上饶的政治空气使人感到比江南的梅雨天更加沉闷。“集训”开始后不久，战区当局精心策划的大逮捕开始了。

从个别诱捕到被关茅家岭监狱

4月15日下午，我从上饶中心卫生院看病回来，当时集训班学员齐集大饭厅听所谓的“精神讲话”，我插进队列，刚刚落座，担任班长的特务给我递来一张纸条，上写：“见条即来大操场升旗坛前，有要事面谈。”下面没有署名，我感觉不妙，一口回绝。特务班长凶相毕露地说：“不行，一定要去！”然后像押送犯人一样硬把我从大饭厅押到半山下的大操场。我一下山就见升旗坛前闪出两个便衣特务迎上前来，这两个家伙目露凶光，把我仔细打量了一下就问：“你是徐家俊（当时的化名）吗？跟我们走！”我抗议说：“我是政治部演剧队员，凭什么跟你们走？”两个家伙顿时拔出手枪：“识相些！”说着就要动手抓我。我大声叫喊：“抓人啦！抓人啦！”这时大饭厅的“精神讲话”已经结束，学员们闻声后纷纷拥到山前观看。特务们秘密逮捕的阴谋流产了，众目睽睽之下，他们只好放开我，悻悻溜走。但我的行动受到队里暗藏特务的严密监视。回到班里，我镇定自若，思想上已做好了被捕的准备。到晚餐时，我终于在大饭厅里被点名逮捕。同时被捕的还有三队的邓沛霖、郭林蔚，十队的金黎、金羽和东南剧团的崔之曦等。我们被八个武装宪兵押到上饶中学大门口的宪兵第八团连部，在那里坐到天快昏黑时被押送至上饶集中营茅家岭监狱。

茅家岭监狱是上饶集中营的“狱中之狱”，主要关押新四军被俘人员中所谓的“顽固分子”和少数在地方上被捕，案情还不十分清楚的“政治犯”。监狱当局对这两种人“一视同仁”，坚决执行“宁可错杀三千，不可放走一个”的方针，来了就出不去。对之普遍实行软硬兼施的三部曲，即：一、威胁利诱，迫使其自首变节，屈膝投降。二、严刑逼供。狱中设置了包括毒打、上老虎凳、灌辣椒水、火烙、针刺、站铁刺笼等各种酷刑。三、秘密处决（拉到后山枪杀或活埋）。关在这里的“政治犯”，无不受到残酷迫害，过着非人的生活。茅家岭在当时被称为“活地狱”，由宪兵第八团一个班和长官部特务团一个加强排担任警卫，并在其周围三十里设置由铁刺网构成的封锁线，外人不得入内，可谓警戒森严。监狱面积并不大，总共五间平房，除管理员室、卫兵排长室和两个卫兵室外，还设了大小禁闭室、女禁闭室和优待室各一间。我先是被关在小禁闭室，当天就戴上了手铐脚镣。过了两三天，我就和金羽、邓沛霖被转到了大禁闭室。大禁闭室大部分囚禁的是从周田、七峰岩、李村、石底等营地和囚室转来的新四军干部，外加几个从浙东各地抓来的老党员，一间仅二十平方米左右的囚室竟关了近三十个人。两长排通铺睡得满满的，挤得大家只能侧身而卧，连翻身和伸腿都有困难。和我抵足而眠的是新四军的一位机枪连连长汪镇华。我刚坐到床边，他就主动给我让座，我们很快就熟悉起来。白天休息时他还给我讲了一些在皖南战场抗击日军的战斗故事。

人间地狱成为革命熔炉

我到大禁闭室后，就感到这里同小禁闭室截然不同，小禁闭室气氛压抑，大禁闭室却热气腾腾。关在里面的新四军同志个个有说有笑，把生死置之度外，充满了革命乐观主义精神。他们在墙上画了马克思、恩格斯、列宁的头像和中国近百年历史的年表，半公开地研读马列著作（用《圣经》伪装）和中国近百年历史，有的同志还在学外语。他们三五成群机警地利用饭前饭后的时间讲革命经历、战斗故事，使我们新被关进的同志深受教育。讲得较多的是新四军的同志陈子谷和老党员吴越（化名吴惠生）。老陈是泰国华侨，早年留学日本，爱好文学，并参加了左联（中国左翼作家联盟），是有一定知名度的诗人、作家。全面抗战爆发后回国参加新四军，任新四军二支队敌工科科长。作为敌工干部，老陈接触过很多日本战俘，在他的教育影响下，不少日本战俘转变立场，成为反战分子和中国人民的好朋友。吴越同志也是留学日本的老作家，曾在国民党狱中坐过十年牢，有着丰富的斗争经验和深厚的马列主义理论功底。

狱中伙食非常恶劣，每天只有两餐饭，一餐只有一小碗，八个人仅有一钵看不到油花、上面只漂着几根萝卜丝的菜汤，天天吃不饱。有一天，我们队里派人送来些豆腐乳，我们几个演剧队的同志自己分着吃了，没有分给其他同志。后来新四军的王传馥、陈子谷两位同志

上饶集中营茅家岭监狱旧址

集中营禁闭室旧址

刑讯室旧址

卖掉了自己的毛线衣和一支美国进口的犀飞利金笔，用这些钱托卫兵买来黄豆，烧了一大桶黄豆汤，分给同志们吃，我们同样也分到一碗。这件事使我们很受感动。当我们端起这碗热腾腾的黄豆汤时，深深感受到新四军同志的阶级友情，也感到我们太自私了。

敌人的迫害非常残酷，有一位赵坤同志是地下党员，经受过长期监狱斗争的考验。每当敌管理员点名检查人员数点到他的名字时，他都怒目相向，不予理睬，为此曾先后遭到敌特数次毒打，但仍然如此，表现出对敌人的极端愤恨和蔑视。敌特对这个“硬骨头”啃不动、吞不下，无计可施。后来在每晚点名时索性不点赵坤的名字。还有宿文浩同志，多次受过敌人的酷刑，却若无其事，常利用平时闲谈的机会，谈笑风生地给我们进行革命气节教育，鼓励我们在受到敌人审讯时，不要害怕，要坚定立场，和敌人斗争。他和陈子谷、吴越的铺位相邻，正好处于全室的中心区。新老难友都喜欢在休息时围坐在他们身边，倾听他们讲述各自富有传奇色彩的革命经历。我们三个新来的演剧队员都是他们的忠实听众。

高唱军歌　参加暴动

我们和难友们的共同兴趣，除了听故事就是唱歌。每当夕阳西下，难友们吃了第二餐饭后的休息时间，由新四军同志组织的歌咏活动就开始了。全室难友放声高唱《新四军军歌》《八路军军歌》《黎明曲》等革命歌曲。起初，我们感到很惊奇，因为这些歌曲在国民党统治区是不许唱的，为什么在监狱里反而能自由歌唱而不受到敌人的干涉呢？后来，我们才知道，这也是经过斗争得来的。许多新四军同志为了争取唱革命歌曲的自由，遭到敌人毒打，受尽酷刑，但他们还是坚持歌唱，而且越唱越有劲，敌人无可奈何，只好听之任之。在歌咏活动中最活跃的是钟袁平同志，他既能领唱、指挥，还能作曲。并曾在入狱后将抗战名歌《五月的鲜花》《歌八百壮士》的部分歌词改写成强烈抗议国民党顽固派迫害抗日青年的内容，在狱中教唱。我们很快就学会了。

除了对陈子谷等所讲的新四军的生活与战斗故事特别迷恋外，我对《新四军军歌》和《八路军军歌》两支歌曲更是情有独钟。因为延安和皖南一直是我特别向往的革命圣地。我的胞姐许英、姐夫孙章录和一些老同学、老战友都是新四军或八路军战士。《新四军军歌》的谱曲者何士德还曾经是我在南昌工作时的老队长。这些故事和歌曲对我都有着特殊的亲和力与亲切感。

我是一个歌咏爱好者。每天的歌咏活动，我都踊跃参与，满怀激情投入难友们的合唱，并常在合唱的间隙，情不自禁地引吭高歌，以自己的男中音独唱《夜半歌声》《松花江上》《黄河颂》《长城谣》等抗战歌曲以及我于被捕前在福建创作的、为太平洋战争呐喊的反法西斯歌曲《向太平洋呼唤》，为大家助兴。在钟袁平同志的影响下，我在狱中还为匈牙利爱国诗人裴多菲的名诗——“生命诚可贵，爱情价更高，若为自由故，二者皆可抛”——谱了一首独唱曲，得到了钟袁平同志的鼓励。

我在狱中还认识了一位叫关键的难友。他原是上饶民教馆美术工作人员，我转入大禁闭室时，他刚遭受敌特的毒打，臀部被打得皮开肉绽，不能动弹。

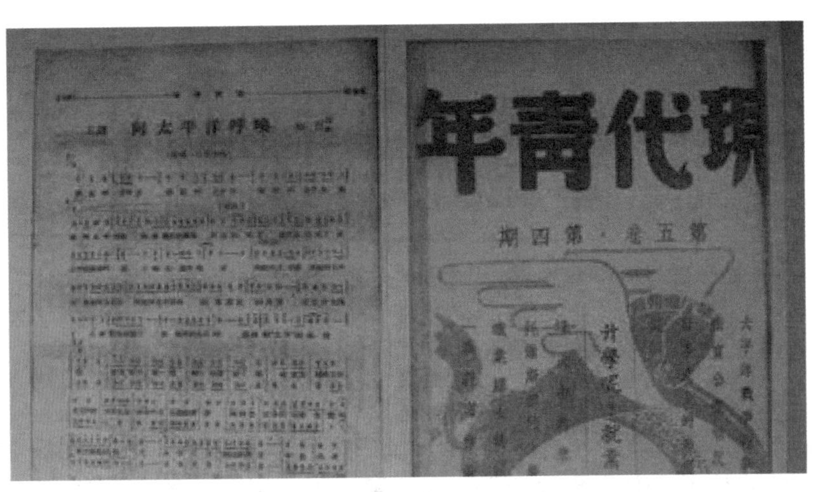
現代青年
第五卷·第四期
向太平洋呼喚

1942 年发表在《现代青年》杂志上的眭新亚作品《向太平洋呼唤》

但他很坚强，咬牙忍痛，不哼不叫。狱中的新四军同志祝增华等自发凑钱买来黄表纸和烧酒，用土法给他治疗。他体质较好，伤愈后便能起床，投入难友们的各项活动。我们同属文化战线的战士，有较多共同语言，很快就成为无话不谈的好朋友。他还给我画了一张肖像（速写画），形象逼真，神态自然，我非常喜爱，把它贴在床边的墙壁上，朝夕观赏。暴动越狱时忘记将这一墨宝取下带走。幸好敌特对此视若无睹，未以之作为追捕“逃犯”的资料。有趣的是画丢了，画的主人和作者却散而复聚。

1942 年 5 月 25 日，我们从茅家岭暴动中冲出来时，我双足陷入水田烂泥中，鞋子丢了，赤足奔逃，行动困难。跑了一段，抬头一看，难友们都已跑得不见踪影，茫茫大地只剩下我一个，自己又是仓促参战，不了解暴动委员会预定的集体逃跑路线和目的地，一时彷徨不定，进退两难，不知朝哪个方向跑才能跟上新四军同志集体逃亡的队伍。没想到过了座小桥后就遇见了关键和祝增华，顿时大喜过望，立即加入他俩的逃亡小组。组长祝增华是新四军老党员，对暴动委员会制定的行动方案和逃亡路线了解得一清二楚，他手中还拿了一个手榴弹，作为防身武器。和他在一起，就有了领路人和安全感。我们三人还商定：途中如遇到哨兵的阻击，就拉响手榴弹，和他们同归于尽。尤其值得庆幸的是，我和关键同志失散后又小别重逢，成为同生共死的战友，至今仍保持密切联系。当时假如不是遇到他们两人一路同行，凭我的体力和能耐，能不能逃脱虎口而活到今天就很难说了。

赠枪记

文 / 邱大璜

1947 年，是我苏中军民在南线敌后坚持斗争最艰苦、形势最紧张的一年。那时我在泰县蒋垛游击连当连长。这年 3 月的一天，我们连转战来到了顾高镇的高家佴。为了发动群众参军参战，粉碎国民党的“围剿”，这天下午，我们在高家佴东边的一个空场上召开了群众大会。

会场的一端是临时搭起的土台子，上面放了几张破桌子和板凳。下午 3 时许，附近的老百姓闻讯纷纷来到了会场，不一会儿，会场上就聚集了上千人。他们中有乡村干部和民兵，有老人和妇女儿童。尽管天气很冷，凛冽的寒风呼啸着向衣衫褴褛、衣着单薄的人们袭来，但大家都情绪高涨。我们连的全体官兵也都穿着单薄的衣裳，带着枪席地坐在场地中央，和周围群众一起，翘首望着台上，等待着会议的开始。

看看人已到得差不多，我和时任苏中一分区副参议长并兼任泰县参议长的徐观伯同志走上土台子。会议由我主持。我首先向大家讲了召开这次大会的目的，接着便请徐观伯同志给大家讲话。

徐观伯是我在读书时的校长和老师，也是我参加革命的引路人，他在泰县一带的老百姓中享有很高的声誉。当时他只有三十多岁，却蓄了一把长胡子，加之多年为革命操劳和奔波，看上去显得十分苍老，不知他年龄的人真以为他已是老者了。

那天，他穿着一身土布衣服，腰里扎着皮带，还佩带了一支用红绸布裹着的手枪，在台上显得精神抖擞，英气勃勃，仿佛比平时年轻了许多。当我宣布请他讲话后，千百双眼睛一齐转向了他。只见他向前迈了两步，站到台子的中央，亮开嗓子讲了起来。

他先向大家介绍了南线斗争的严峻形势，对国民党还乡团的反攻倒算和倒行逆施进行了严厉的声讨。接着，他话锋一转，用激昂的音调告诉大家：毛主席、党中央正在延安指挥着我军痛击敌人、苏中的新四军北撤后已取得了令人振奋的战绩，南线仍有我们的地方部队在坚持战斗。

听着他富有激情的话语，台下群众的表情也不断变化着。时而充满了对国民党反攻倒算的无比愤恨之情，时而洋溢着为我军的胜利而倍感喜悦之情，仿佛在漆黑的深夜看到了光明，情绪也随之激昂起来。徐观伯同志接着用更加高

昂的声音向全场大声疾呼，号召大家参军参战，拿起枪杆子和敌人干，坚决粉碎国民党的“围剿”。

说到这里，他突然转向我，庄重地从腰间皮带上取下了随身佩带的手枪，将包裹着的红绸布抖开，双手捧着递给我。边递边激动地说：“邱连长，这是地委送给我的一支手枪，现在我把它送给你，你拿枪，我拿笔，让我们共同努力，为打败国民党而战斗到最后一口气！”这突如其来的举动使我顿感全身热血沸腾。我激动地接过了这支半新的勃朗宁手枪，用微微颤抖的手将它高举过头顶，大声地向全场群众说：“乡亲们！我们一定要坚持好南线斗争，哪怕只剩下一个人，也要战斗到底！”这时，全场群情激奋，人们喊起了口号，一些小伙子纷纷跑到台前，要求报名参军。那激动人心的场面，至今回想起来仍历历在目。

这支枪一直伴随着我南征北战。至今，我仍常常回想起徐观伯同志赠枪那动人的场面，更加深深地怀念他。

“八一”军徽

文/丁　超

有许多往事，历经时间冲刷，早已从记忆中抹去了。但也有许多事，任凭时间冲刷，一想起来仍恍如昨日……

1949年4月23日，大军渡江后，我们八兵团驻扎在镇江市，八兵团袁仲贤司令员被任命为镇江市军管会主任。我跟小徐被调到军管会秘书处当通信员。一天，秘书长打开一份报纸，在食堂宣布说：“同志们，好消息！”大家不约而同地放下碗筷。“不久我们就可以戴上佩有‘八一’军徽的军帽啦！”顿时食堂里沸腾起来。

晚上，我与小徐仿着报纸上军徽的图样用硬纸制作起来。当时，我们想法特别多，我说：“咱们明天佩戴起来去见秘书长，也让同志们羡慕羡慕，我们已戴上军徽了！”

“这不好，”小徐说，“不如去照个相，寄回去给父亲看看，考考父亲的眼力，是否看得出帽上多了一样东西……”我们一直搞到深夜一点多钟，好不容易才一人制作好一枚。

第二天，我们去照相馆。照相馆老板一见我们就暗暗发笑，可我们一脸正经，很庄严。但扫兴的是在回部队的路上同志们并不羡慕我们，我们还被检查军纪的同志狠狠地批评了一顿，要我们马上摘下这硬纸做的“军徽”。

今天盼，明天盼。没有多久，军徽在全军颁发了，但我们直属部队却还没有发，说还要推迟一些时候。那些天，我们一看到戴着军徽的同志在照相馆门前进进出出，心里就着急。我们很想说：“同志，把你们的军帽借给我们戴一下，也让我们照个相吧！”可话到嘴边总开不了口，想不到晚上做梦的时候反倒喊了出来，成了排长他们谈笑的资料。

直到7月30日那天，供给部门才把

我们的军徽发下来，要让全军在8月1日建军纪念日时都佩戴在军帽上。

这天，我和小徐从上午起一直在供给部门转悠，全军管会当然是我和小徐先佩戴上光荣的“八一”军徽了。小徐说，首先让咱们秘书长瞧瞧。

“报告！”小徐声音格外响亮，连我都吓了一跳。我与小徐笔挺地站立在秘书长办公室门口。这时，我才发现袁司令也在。秘书长随声应着：“进来！”显然他正在听司令员的指示。秘书长转过身来问：“什么事？”“我们、我们……”我俩激动得舌头不听使唤，只能用手指指帽上的军徽。“噢，小鬼！”秘书长猜透了我们的“鬼”心思。

司令员连连点头，笑了笑问：“你们是来让首长检阅的吧？”他走过来摸摸小徐的头说：“你们去照个相吧！”我们乐滋滋地走出了办公室，遇到同志就说“司令员叫我们去拍照哩”！

照片取回来后，本想在后面写点什么，可当时觉着自己写什么都不好。我们想，干脆请秘书长转请袁司令写上一笔吧。本以为这个请求很唐突，想不到，几天后秘书长说司令员在你们的照片上题了“保持革命军队的光荣传统”，这一来可把我们高兴坏了！

袁仲贤司令员虽然早已不在人世了，但他的光辉形象，像“八一”军徽一样，永远铭刻在战士们的心中，人民的心中。

志愿军战士包饺子

除夕夜在地堡包饺子

文 / 李治亭

1950 年 11 月 19 日，我随二十六军开赴朝鲜战场。当时，我任二十六军《战旗报》社总编辑。

1951 年的春节，我是与一个连的战士在朝鲜前沿阵地度过的。除夕晚上，天特别冷。美军飞机不时掠过阵地上空，投下一颗颗照明弹。全连战士警惕地注视着敌人的阵地，各哨所都有一部分战士在地堡里包饺子。我作为战地记者采访了英雄二班。

“每逢佳节倍思亲”。我一边和二班的战士包饺子，一边采访。一个姓张的泰安籍战士向我诉说在家过年时穿新衣、吃团圆饺子、守夜辞旧岁的情景。说着说着，他的眼睛就湿润了。稍一停，他说起了顺口溜：“抗美到国外，中朝唇齿情。亲人念祖国，儿女是群英。保家又卫国，杀敌来立功。”

接着，一名莱芜籍的战士小刘也说起快板：“新鲜新鲜真新鲜，地堡战壕过年关；飞机天上来助兴，枪炮声声欢乐年。”此时，敌机又在空中投下一颗颗照明弹，照得阵地一片光明。一个战士幽默地说：“嗬！敌人给我们送来了节日礼花！”

抗美援朝的第二年，我又在朝鲜度过了一个中秋节。那天晚上，皓月当空。当美军的飞机投下一颗颗照明弹时，皎洁的月亮也变得模糊不清了。我和一个班的战士围坐在地堡外，地上是战士们画的月饼，还用小石子砌成“北京月饼”四个字。经一个名叫王洪洁的山东籍战士提议，大伙一起编了个《战地赏月》的顺口溜：“中秋在战地，月是故乡明。亲人望明月，悠悠祖国情。”

战士们在严酷的战争环境中所表现出的革命乐观主义精神深深感染了我。

先父百年祭

文/谭　斌

谭政文

谭政文（1910—1961年），又名谭哲，号藻如。湖南资兴人。幼读私塾，高等小学毕业后，1927年初考入广州国民革命军第二军官教导团。曾任最高人民检察院副检察长等职务。

去年，是我父亲谭政文一百周年诞辰。

父亲1910年4月26日出生于湖南资兴一个贫农之家。1926年投身革命，1927年加入中国共产党。1928年参加湘南起义，后随军上井冈山。参加了反“围剿”和二万五千里长征。在大革命时期，父亲一家可谓满门忠烈。我的爷爷和四爷爷也是老共产党员，湘南暴动中，爷爷、爷爷的两位兄弟和我的叔叔，全都当了红军。爷爷谭津怀在反“围剿”战斗中英勇牺牲；三爷爷在敌人严刑拷打下不幸丧命；四爷爷从军队调回本乡搞地下工作，被叛徒出卖，遭敌枪杀，暴尸示众。为了人民的红色政权，他们前仆后继，奋斗不息。父亲长期从事我党、我军的保卫工作和地方的公安、司法工作，系中国共产党、中华人民共和国保卫、公安、司法战线第一代领导人。

父亲把他的毕生精力全部贡献给了党和国家的政法工作。他将肩负的神圣职责，比喻成扶正祛邪的革命宝剑。为锻铸这柄利剑，他以对党和人民的忠诚，以自己独特的大智大勇，建立了许多功勋，创造了许多传奇。但由于隐蔽斗争中特殊战斗的残酷和组织纪律的严明，加之他1961年12月12日五十一岁时便英年早逝，离开我们太早，所以，对于他的工作细节，我作为长子也了解的十分有限。

父亲撰写了第一部《审讯学》

我党出版的第一部《审讯学》，是父亲三十二岁时的著作。

我的父亲中等身材，瘦削精干，浓眉大眼，乌发重须。他机敏好学，忠贞尚武，耿直正派，喜爱整洁，严厉而又风趣。因家境贫寒，父亲只读了高小。上学时喜欢画画，常画关公、张飞、猴子和山水。他从小爱看《三国演义》《西游记》《水浒传》等名著，爱听有文化、通中医的爷爷讲《包公案》《聊斋》等故事。一生爱读古典诗词。虽然他原来文化程度不高，但酷爱学习，非常勤奋，尤肯钻研。在革命队伍里，在斗争实践中，父亲迅速地自学成才。中央苏区时期，他从战斗部队调到国家政治保卫局，开始专职从事保卫工作。叶剑英伯伯任建宁警备区司令兼闽赣军区司令时，父亲作为他的直接下级，担任建宁警备区保卫局长兼闽赣军区及闽赣省保卫局长。1933年，父亲二十三岁，就在国家政治保卫局举办的保卫干部培训班兼任教师，主讲审讯，颇得好评。他的讲课，结合案例，旁征博引，不少是从斗争实践中得出的经验，甚至是从失误和鲜血中汲取的教训，见解独到，发人深省。

长征到延安后，父亲自1938年起，从军队调到地方，先任陕甘宁边区政府保安处副处长兼地方部长，后调中共中央社会部任地方部长。在中社部改组缩编、撤销地方部后，父亲暂到中社部西北公学三班（地方保卫干部训练班）协助工作。其间，他对审讯工作中的经验、教训、心得、体会进行了系统的整理和总结。为此，中社部专门组织了审讯研究小组，协助父亲集中精力研讨、编写审讯学。他在自己九年前国家政治保卫局训练班讲课稿的基础上，综合阶级分析、民族特性、职业心理、犯罪心理和审讯心理等诸多领域的学术成果，进行整理、补充、编写，形成了除“导言”和“结束语”之外的六章结构，于1942年5月写成并出版了《审讯学》，被中央审定为正式教材。

我党这第一部审讯学专著，是父亲在革命最艰苦时期于百忙中挤时间撰写完成的。按照父亲在前言的“几点声明”中表述的观点，该书虽然尚不完善，“粗枝大叶”，有些还属“尚欠成熟的粗浅见解”，但那是他对自己在锄奸保卫部门工作历史的自我反省和检讨，是战争年代中审讯工作部分经验的总结，其中不少是从沉痛的流血斗争中获得的经验和教训，尤其珍贵。为了战胜敌人、保卫革命，他不但善于向历史学习，甚至“虚心”向一切敌人学习。

被誉为审讯专家的父亲，一贯重视人才开发培养和干部队伍政治素质、业务素质的提高。红军时期和抗战时期，只要有重要的保卫干部培训班，父亲总是积极支持，认真授课。他自己在红大、抗大的学习结束后，还曾留任抗大训练部教育干事兼教员。在中社部任副部长时，他亲自兼任接管大城市公安集训的训练班班主任。在任北京市第一任公安局长时，他迅即组建并亲自兼任北京市公安干校（北京人民警察学院）第一任校长。在任广东省公安厅长兼广州市公安局长时，同样亲自兼任广东省公安干校（广东省公安司法管理干部学院）和广州市公安干校（广州市公安管理干部学院）两校的第一任校长。在我国政法系统干部培训的工作中，父亲作出了突出贡献，可以说他桃李满天下。他的言传身教，使一批批忠诚保卫工作和法治建设的有为青年，成长为我国政法战线的骨干，走上了公、检、法、司的各级领导岗位。不少干部经过更全面的培养和锻炼，还成为省、部级独当一面的栋梁。

中华人民共和国成立后，在各方催促下，1950 年 11 月华南分局社会部精装再版了《审讯学》这部革命草创时期的专业开山之作。政法界许多高级干部把这本书当作珍贵的个人藏品和纪念品。其中的一本，现作为北京警察博物馆珍藏的文物，在基本展中为公众展出，向后人陈述着那些历史尘埃遮掩不住的岁月和光彩。

父亲是首都公安奠基人

我父亲率领“一百单八将”，组建北京市公安局，为首都公安奠基，成为共和国公安史上的一段佳话。

1948 年父亲调任中共中央社会部副部长时，亲自主持中社部“西黄泥训练班”的工作。党中央为迎接全国胜利，从西北局、华北局、华东局和晋绥分局抽调一百名县团级以上、具有初中以上文化的优秀保卫干部，到中社部接受接管大城市的公安集训。后来，又从北平调来八名大学生，合起来谑称“一百单八将”。此外，训练班还有一名不在编的“学员”，是毛主席的大儿子毛岸英，他不住班，上课来，下课走。

革命形势的发展，比人们预料的快得多。原定一年学期的中社部训练班，刚学了不足三个月，父亲便已面临接管北平的新任务。当时，中央正在研讨定都北平的动议。中央决定，将由我父亲主持北平公安工作。父亲向中央请求，将训练班为全国培训的公安精英，全部带往北平，“集中兵力打歼灭战”，为将来的首都公安建设打下一个良好的基础，也为全国其他各大城市的接管开个好头，闯条路子。所以，这“一百单八将”，加上中社部机关抽调的二十个干部，再加上中社部直属平津情报站、冀热辽北平情报站及各大区、军区在华北的所有情报站一百多名干部，就成了日后组建北京市公安局的骨干力量。父亲一是抓住训练班，二是抓住情报站，使公安系统对北平的接管有了坚实的基础和得力的队伍。各情报站的工作结合地下党提供的情况，使市局基本掌握了北平的敌情、社情，以便进城后能够立即对照门牌和名单去搜捕敌特分子。

1948年12月17日，进京途中在保定召开了第一次北平市委常委会会议。中央决定，北平首届市委委员十一人，市委书记彭真，第一副书记、军管会主任兼市长叶剑英，公安局长谭政文是七人常委之一。当时没有配副局长，在中社部、公安部和北京市委的领导下，就由他一个局长，带着不足十名处长、十几个科长和内七、外五、郊八共二十个分局长等四十多员干将，团结一致，共同努力，经过不到一年的时间，便在首都整顿好了战后的混乱状态，建立起了正常的社会秩序，给党中央创造了一个稳定安全的工作环境，为后续接收和管理大城市树立了学习榜样。

1949年2月2日上午10时，以我父亲为首的军管会正式接管旧警察局。2月3日，解放大军举行了隆重而热烈的入城仪式。集中的接管工作，约持续了一个多月。旧警局代理局长徐澍，是个有十五年警龄的职业警官，原是外一分局局长。当旧警察局长杨清植畏罪逃跑后，他由于比较廉正，威望较高，而被推到了代理局长的位置上。在混乱中，他命令各级警官将旧警局的文件、档案保存完整，并在移交前对人员、武器、财务等都造册登记，父亲对此十分满意。后来徐澍成为父亲很尊重和信任的留用人员。接管中二处（侦讯处，处长冯基平）主要负责政保，对口接管国民党中统、军统等特务业务，即秘密手段；三处（公安处，后改称治安处，处长赵苍璧）主要负责治安，对口接管旧警局的全套业务，即公开手段；人事等其余工作，由一处（秘书处，处长刘涌）接管；四处（行政处，处长曲日新）则对口接管行政、总务。入城仪式的第二天，即2月4日下午，国民党保密局北平少将站长徐宗尧到市局自首，交出北平站人员名单及二十五本密码。经过短暂的秘密登记后，市局又设立公开登记处。截至2月19日，接管特务机关三十七个，国民党、三青团机关十九个，旧警察机关三十二个。从2月19日起至4月止，仅收容散兵游勇一项，已登记了包括马占山等国民党将军在内的流散军人两万一千余人。到6月，共登记特务三千五百余名。约五六月份，接管工作基本结束，社会秩序基本恢复正常。

按照父亲的工作安排，市局对天桥、八大胡同等藏污纳垢的场所进行初步清理整顿和加强过渡性管理的同时，对妓院、赌场、制毒贩毒、一贯道、包括其他教派中的反动势力和间谍活动，进行了大量深入细致的调查研究，积累了比较系统完整的基础资料，为日后条件成熟时及时开展禁娼、禁毒、禁赌、取缔反动会道门和黑社会组织等专项斗争，创造了前提，奠定了基础。8月9日至18日，北平市召开各界人民代表会议，听取叶剑英市长所作的市政府工作报告。毛主席出席了这次盛会。周恩来总理在会上做了题为《将革命进行到底和建设新中国》的重要讲话。我父亲就市政府工作报告，作了关于财经和治安工作的补充报告。

当年的北京市公安局，除要行使社会治安和城市管理的职能外，还肩负着直接保卫党中央的重任。3 月 25 日党中央和解放军总部进京，父亲在召集有关方面研究部署警卫工作后，还亲自去迎接毛泽东、朱德、刘少奇、周恩来、任弼时、林伯渠等中央领导同志进城。7 月 1 日，华北局和北京市在先农坛召开党员大会，庆祝中国共产党成立二十八周年。父亲担任大会副总指挥，具体布置大会保卫工作。开会前，父亲随同中社部长李克农伯伯一道，去接毛主席安全到会；会后，又亲自护送毛主席安全返回。有三十万人参加的开国大典的保卫工作，父亲同样肩负着重大的历史责任。除主席台的警卫由公安部直接负责外，其余的大会保卫任务几乎全部由市局承担。在市委统一领导下，市里其他部门积极配合。为了确保永载史册的开国大典万无一失，父亲在局里专门召开了两天会，研究、布置大会内外的各项安全保卫工作。仅观礼台周围，就从公安部队调派了一千多名便衣警卫。可以说，开国大典能不能在一个安全的环境下顺利进行，也是对市局前段工作的一次严格检验。事实证明，从白天的大典，到晚上的狂欢，都没有发生重大事故。北京市公安局不负党中央和全国人民的重托，光荣地完成了开国大典的安全保卫任务，得到中央和北京市委的表彰。同时，也为以后历年的国庆保卫工作积累了最初的宝贵经验。

那时，国民党潜伏特务活动十分猖獗，不断策划暗杀我中央领导、高级民主人士和国际友人，甚至阴谋组织武装暴乱，妄图颠覆新生的人民政权。所以，对于直接保卫党中央的工作，父亲总是亲临一线，一丝不苟，竭尽心力。一次正开政治局会议，李克农伯伯让秘书打电话通知我父亲，毛主席和政治局领导同志当晚要到长安戏院观看梅兰芳的京剧。父亲放下电话，便紧急部署，派人把长安戏院控制起来，并将包厢全部包下（包赔全部退票损失），在戏楼上设立了一圈安全带。他自己穿着便衣，拿着手电，亲自在戏院门口迎接。其他同志见他连随员、警卫员都不带，很不放心。他却说："今天还管我干什么？你派个人跟着我，不是反倒暴露了吗？"直到散戏，观众也不觉得那晚与往常有什么不同。毛主席和其他中央领导同志安全退场后，父亲提着的一颗心才算放下来。

在那个百废待兴、激情燃烧的年代里，父亲身上体现出的革命者、创业者那种拼命、忘我的工作精神，感人至深。他的忠于职守，他的爱憎分明，他的大智大勇，他的雷厉风行，成为许多公安干警效仿和学习的榜样。他的思想作风和工作作风，对北京市公安干部的影响至深、至远。虽然父亲在北京市只工作了一年，但作为奠基人，他却给首都公安锻炼了一支好队伍，缔造了一派好作风，留下了一个好传统。

"港澳镇反" 威震敌胆

叶剑英伯伯从北京市市长任上，南下去主持中共中央华南分局，任华南分局书记兼广东省人民政府主席和广州市（直辖市）市委书记、市长。他点将，要求中央把曾与他两度共事的父亲调去做他的助手。1949 年 11 月 15 日，中央任命公安部部长罗瑞卿兼任北京市第二任公安局长，同时任命谭政文任华南分局常委、社会部长、广东省公安厅长、广州市公安局长兼广州警备区政委，去协助叶帅开辟公安工作和情报工作在祖国南大门的前哨阵地。

父亲赴广州履新，面临着严峻的形势。那时，广东全省的国民党散兵游勇就有五万之众。广州作为敌人在大陆的最后据点，各地、各系统的特务汇聚于此。市内土匪横行，青天白日公然抢劫，不知何时就开枪杀人，甚至与警卫战士对射。市政管理也很混乱，汽车撞死了人，两三天无人收尸。敌特活动十分猖狂。除大肆收集情报外，还不断实施暗杀、爆炸等恐怖手段，企图杀害我党政领导干部，破坏铁路等水陆交通运输，破坏我经济建设。在农村，敌人组织武装暴乱，袭击我县、区、乡政府，杀害干部、群众，抢夺武器、粮食，散布谣言，制造恐慌。仅 1949 年底至 1950 年上半年，全省就发现土匪三百三十七股、四万余人，发生暴乱、袭击、爆炸、抢劫、纵火、投毒、暗杀事件三百四十九宗。严重威胁着新生的人民政权。

1951 年 4 月 25 日，谭政文同志在中山纪念堂召开的全市控诉反革命罪行大会上讲话

面对这样的危局和乱局，父亲努力发挥集体领导的作用，发扬“抓住重点，推动全局；顽强果敢，连续作战”的战斗作风，雷厉风行地连出重拳，短期内迅速扭转了局面，掌握了主动。他的工作节奏，同在北京时一样紧张，经常是夜以继日连轴转地忘我工作，底下干部都吃不消。有时身边工作人员或下级给他提“意见”，希望他能有所节制，注意身体，他总是说：“敌人搞我们，难道还分什么昼夜吗？”所以，他坚持认为，“搞公安保卫工作，就是要这样拼命工作，要赶到敌人前面！”

在内部建设上，父亲首先抓了“文”“武”两个方面。一手抓“文”，刻不容缓地成立省厅公安干校；另一手抓“武”，尽快组建广东公安部队。父亲本人尚未到广州，已令先遣干部开始了干校的筹建和招生工作。首批学员招收了千余名广州的社会青年和大中学生。从中挑选两百多人办速成班，四十天结业即分配各处。后来还专门成立了女生队。在因陋就简、草棚办学的艰苦条件下，公校陆续培养、输送到各类岗位的这千余名学员，对于加强公安队伍建设、迅速打开工作局面起到了至关重要的作用。且不论日后的长远意义，仅只讲南下干部如无这些青年知识分子新干部的配合，语言沟通就是天大的难题。莫说治安、侦查、审讯，连治安积极分子的群众会议都开不起来。父亲举重若轻的这一招，至今还为许多老同志所钦佩、称道。由京南下的同时，父亲即已下令从广东各地方部队调员，尽快组建公安十九师。该师下辖两个大团，约九千人。1950 年

3月，中央军委决定将公安十九师改为广州公安总队。有了这样一支专业化的威武之师，广州乃至广东的大局立即稳定下来，混乱的局面得到迅速的控制和改善。

在公安业务工作上，父亲一手抓治安，一手抓肃反，不同阶段突出不同的重点，同时展开交替进行的两方面工作。父亲认为，不肃清各类反革命分子，天下永不得安宁；反之，不抓好治安建设，肃反不仅失去了扎实的工作基础，也失去了最直接的意义和目的。所以，他主张，“防治并重，以防为主；防治并用，以治为先”。在治安格局中，明确以广州为核心：稳定广州，辐射全省。1950年上半年，广东迅速开展了肃反运动。不到一年，便破获敌特案件一千两百多起。经一个月的内线侦查，探明活动于港澳、粤北及广州、韶关一带铁路沿线的特务、土匪、黑帮组织“飞轮党”的三个匪首及其住址和几个主要销赃点，一举将这个危害地方、民愤极大的匪帮一网打尽，打了个漂亮的歼灭战，确保了铁路干线的畅通。

1950年3月3日，敌机临空，特务的信号弹满天飞，几乎将黄沙火车站炸平。“三三大轰炸”的各类损失和政治影响都很大。面对党、政、军、民各界的责难和政治压力，父亲精心策划，周密部署，亲自指挥，决定打掉敌特在港澳的指挥机构，给敌人一次“釜底抽薪”的致命反击。经请示叶帅批准，展开了代号为“港澳镇反”的特别行动。不到两个月，华南、广东的治安迅速好转。1950年过了个安稳祥和的五一节，党、政、军、民无不称赞。节前父亲向广州市人民代表会议作了治安工作报告，《南方日报》发了消息，还举办了公开展览。半年后，父亲继续执行“港澳镇反”第二阶段任务。“港澳镇反”的计划全部胜利完成，使原来比广州公安机关编制还大的港澳特务机关，一度陷于瘫痪，并一蹶不振，遭到毁灭性的打击。台湾保密局长郑介民为之惊慌失措。“港澳镇反”的成功，从根本上改善了东南沿海各省的政治环境和治安状况。

父亲这柄出鞘的利剑，在镇守祖国南大门时，充分彰显了扶正祛邪、令敌丧胆的革命神威！

父亲领导处理日本战犯

1954年，由周恩来总理“钦点”，毛主席以国家主席名义任命父亲为最高人民检察署副检察长。同年，宪法颁布后至1961年，父亲任最高人民检察院副检察长。其间，他担任中央处理日本战犯指导小组副组长、组长，出色地领导了侦查、起诉、审判和处理日本侵华战犯的工作。

正确处理日本侵华战犯，是一项司法难度极大、政策性极强而又为全国人民及世界各国瞩目的特殊历史使命。中国作为二战中反法西斯的战胜国，以中国共产党独特的威力、智慧和方法，妥善地解决了这一世界大战的善后问题，不仅对于中日两国具有重大的现实意义，而且对于弘扬社会主义的正义事业和维护世界和平的持续斗争，具有深远的历史意义。很多叔叔、伯伯都说，中央主管这项工作的周总理，“钦点”审讯专家谭政文组织指挥一线工作，堪称任将有方。

父亲不负众望，为此又开始了废寝忘食、夜以继日的辛勤工作。1954年2月起，从全国各地调集了三百多名司法

日本战犯“中归联”捐款建造的“谢罪碑”

干部，组成“侦处日本战犯工作团”，由我父亲亲自动员，在北京真武庙进行有关方针政策、法律程序、侦查审讯和调查取证等业务的短期集训。一个多月后，便在掌握和熟悉历史资料的基础上，采取“争取下层，瓦解中层，动摇上层，孤立打击少数特别反动、顽固、狡猾的战犯”的策略，对在押的一千零二十六名日本战犯开展了个别讯问与认罪检举相结合的大规模侦查。同时，先后派出六批干部，分赴十二个省、区，取得了大量直接和间接的有力证据。从1955年底至1956年6月，检、法、司合署办公，各方司法专家会聚北京卧佛寺，由我父亲牵头，起草起诉状、公诉词、辩护词和判决书等各类法律文书。大家在统一对敌的原则下，分工负责，相互制约，共同准备，密切配合。后来，检察、审判、辩护三方又分别进一步修改加工各自的文件。最后，由彭真伯伯亲自指导，对这些文件逐字逐句推敲修改，使所有起诉的罪行起码都有两个以上的证据。

战后十多年了，再对战犯罪行进行如此周密的侦查，是非常艰巨的。一来战犯多数是中毒很深的军国主义分子，在关押期间有机会串供，侦讯审理十分困难；二来由于语言不通，多数受害群众对当时日军的番号、罪犯的姓名等记述不详；三来时隔已久，所涉地域遍及广大的沦陷区；四来战乱期间，许多罪证早已湮灭难寻。在这种情况下，父亲领导着“侦处工作团”，经过短短一年半的时间，便完成了对一千多名日本战争罪犯的全部侦查工作，使他们在我革命人道主义管教的感召下，在如山的铁证面前，一个个认了罪、服了法，创造了国际司法史上的奇迹。

为了使各项工作做得更周到，中央还委派日本问题专家廖承志叔叔参与其

事，并担任处理日本战犯指导小组组长，我父亲任副组长。他们两位取长补短，合作得非常默契。1956 年 3 月 7 日，周总理指示，改由我父亲担任六人小组组长。无论大政方针，还是具体环节，整体工作始终是在周总理亲自领导下有条不紊地进行。有时深夜一两点，周总理还会给父亲打来电话，或问情况，或作指示。父亲和廖承志叔叔列席中央政治局会议后，父亲于 3 月 12 日在周总理主持的政协第二届全国委员会第十九次会议上，就日本战争罪犯处理问题作了说明性发言。4 月 25 日，全国人大常委会第三十四次会议赞同党中央“下层从宽，上层从严；多数从宽，少数从严；认罪从宽，抗拒从严”政策，通过了具有法律效力的《关于处理在押日本侵略中国战争中战争犯罪分子的决定》，确立了对日本战犯审判的六项原则。

当时的特别军事法庭分设沈阳和太原两地。沈阳一庭审理日伪军大案，沈阳二庭审理伪满大案。审判从 1956 年 6 月开始，至 8 月结束。其间，父亲三下抚顺、沈阳，一下太原，对战犯管教、侦讯及审判等各方面的一线工作，进行了细致周到的具体指导。工作细致到连特别法庭的设置细节，都要一一亲自过问。据很多受审的日本战犯讲，一进庄严肃穆的法庭，就深切感受到了新中国法律的神圣和历史的威严，内心感到沉重的压力，令其终生难忘。在审判庭的楼上，专门为父亲布置了一间办公室，电话直通法庭上的审判长和首席检察员，使他能够根据现场的情况和变化，坐镇指挥审判的顺利进行。那时，对四十五名职位高、罪恶大，或职位虽低，但罪行严重、情节恶劣的主要战犯，分作四案，由最高人民法院特别军事法庭提起公诉，进行审判，根据罪行轻重和悔罪表现，分别判处八到二十年有期徒刑。对其余一千多名次要的或悔罪较好的战犯，则由最高人民检察院分三批免予起诉，宽大释放（一般都已关押六至十年以上）。

日本侵略者在中国犯下的滔天大罪，举世周知。因此，当时许多干部、群众都强烈要求严惩日本战犯。我那时刚满十四岁，也禁不住问父亲：“你带那么多叔叔、伯伯忙了整整两年半，怎么连一个日本鬼子也没有杀掉呀？”父亲深深吸了一口烟，若有所思地说：“是啊，并不是不能杀他们，其中多数战犯，就是一人枪毙他十次，也是罪有应得。这一千多人都杀掉了，还不及我国抗战期间死难人数的万分之一！”顿了顿，父亲长长吐了一口浓烟，又缓缓地说：“中国人民以胜利者的身份，第一次在中国的土地上独立行使司法主权审判侵略者，这本身就比什么都重要。通过庄严的审判，揭露了日本帝国主义的侵略罪行，为中华民族伸张了正义，为全世界反法西斯的革命人民报仇雪恨，对一切侵略者和战争贩子发出了严正警告。孩子，通过管教和审判，把战争狂人改造成能为世界进步、和平事业出力的新人，这不比简单地把人杀掉困难许多、也有意义许多吗？”

确如父亲所言，当年他亲自领导的严正而宽大的审判，对日本战犯产生了极大的震慑力和感召力。中国人民不但在战场上是胜利者，在法庭上同样是胜利者。审判中，被判刑的战犯对起诉的罪行一一供认不讳，表示沉痛的忏悔。不少人痛哭流涕地向法庭或证人谢罪，还有的跪地磕头，要求判自己死刑。一些参与审理过其他战犯的苏、美等国司法专家，为之惊叹折服，认为不可思议。至于被宽大释放的战争犯罪分子，很多人更是感动得泣不成声。他们把战犯管理所称为自己的“再生之地”。回国时，向我管教人员和红十字会人员挥泪告别，甚至哭倒在地。连接他们回国的船长也感动地说：“这种惜别真是少见！”1959年，我国政府又根据服刑战犯的悔罪表现，先后全部宽释了所有在押战犯。

这些放下屠刀的“新人”，一回国就发表了揭露日本帝国主义罪行、号召反对战争保卫和平的《告日本人民书》，并成立了“中国归还者联合会”，前日本中将师团长藤田茂任会长。有的人返日后，立誓一辈子睡觉不许自己的脚对向中国。很多人四处现身说法，教育自己的同胞要世世代代与中国人民友好下去。“归还者”们曾六次组团来华“探亲”，看望“恩师”和“母校”，成为反对战争、促进中日友好的一支重要力量。其中藤田茂率团访华就有四次，受到周总理的亲切接见，周总理还赠他一套中山装。1982年他弥留之际，就是穿着这套衣服谢世，以示九泉之下也不忘中国“恩师”，系念中日友好之情。1988年“归还者”们集资五百万日元，在抚顺战犯管理所修建了一座三米多高的汉白玉“向抗日殉难烈士谢罪碑”，刻下为和平与中日友好决不允许再发生侵略战争的誓言。中国共产党的政策和法律，竟有如此神奇的威力，它真的把战争狂人变成了和平使者！

这一切，不但产生了一般人当初难以预料的深远影响，在中国司法史乃至国际司法史上写下了浓墨重彩的一笔，同时，也在父亲短暂的三十五年革命生涯里，留下了独特的骄人篇章。

父亲是位仁爱的性情中人

父亲是位爱憎分明的性情中人。工作中不畏艰险，雷厉风行。他对敌斗争英勇、顽强、机警、果敢。同党内错误倾向斗争坚持原则，不屈不挠。在他光明磊落的革命人生中，并非没有缺点、错误，他有时急躁，不够冷静，但他从来不是那种故意整人的人。父亲对敌人像一柄剑，对人民、对同志却像一团火。他以高度负责的态度要求自己的工作，也以同样的态度要求自己的同志和部属。他最不能容忍的，一是破坏纪律，在党内搞歪风邪气；二是工作拖拉、马虎、不负责任，完不成任务。尤其工作中出了毛病和差错，他会毫不讲情面，甚至会忍不住要瞪起那双熬红了的大眼睛，厉声训斥一顿。但是，跟他工作过的同志，包括挨过他严厉批评的同志，却仍然爱戴他。干部对父亲畏而不怨，敬而不远，主要是因为：他批评干部是为工作好，为干部好，不是故意整人，批评过后，几乎立即就手把手地教改正的方法。而且事后对干部在政治上、生活上照样关心爱护，特别是，别管他骂得多凶，在上级面前却从不诿过，总是替下面承担责任。所以，底下的干部都说：“谭老板脾气大，心地好！”

父亲情重战友，心系军魂，十分珍重战争年代、艰苦岁月的同志友谊。每逢国庆、劳动节等重大节日，各部、委部长及上将以上将帅都要陪同毛主席等党和国家领导人在天安门城楼上检阅游行队伍。天安门城楼上站位的规矩是“文西武东”。可是父亲经常“破例”，有时不待在部长席中，而爱同那些授衔的

老战友们相聚。因而看国庆检阅的电视片和纪录片时，在东侧身着藏蓝军礼服的开国上将中间很容易找到穿着中山装的父亲。中共八次代表大会期间，父亲特意将来京开会的好友安徽省委书记曾希圣夫妇和山东省委书记舒同夫妇，分别请到家中吃饭，畅叙旧谊。曾希圣伯伯堪称湘南才子，是父亲的资兴老乡。舒同伯伯是党内书法家，长征时与父亲同在一军团二师工作。父亲是师特派员，舒同伯伯是师宣传科长。那时师一级，除师长、政委、参谋长、政治部主任和特派员五大首长外，非军事干部不配马匹。身材不高的舒同伯伯就是拉着父亲战马的尾巴爬过雪山的。一天行军夜里，父亲抽烟睡着，不慎将军毯烧毁，过草地宿营时，只好同师政委刘亚楼叔叔合盖一条毯子过夜。和孩子们讲起长征的故事，父亲总是难以忘怀这些同甘共苦的战火春秋。

虽然父亲在地方工作长达二十五年，但他骨子里却始终把自己看作一名革命军人。这辈子他喜欢三样东西：战争年代喜爱战马；和平时期喜爱军犬；终生爱枪，且爱枪如命。他喜好的体育运动是狩猎。假日出猎时，他同司机、勤务员、炊事员及自己的儿子一起“编队”，风餐露宿，与“官兵”同享山野之乐。逢年过节，我的父亲、母亲都要请身边的工作人员吃饭，感谢他们的工作和服务。勤务员、炊事员和司机结婚，都是在我们家里举行仪式，都是父亲作他们的证婚人。秘书的孩子病了，父亲还专程到家里去看望。

父亲特别喜爱孩子。工作再忙，哪怕是深夜回家，也要到我们的房间去看看已经入睡的儿女。出差回京，除一定要给我们买些小礼物外，有时还会给母亲带回一瓶香水，或捧回一束鲜花。他对孩子少有重言重语。不赞成学生读死书，对我们在学校的成绩从不看重，从无苛求。要求我们品学兼优，虚心向社会的三教九流广泛学习，读好“无字书”。只要条件允许，他走到哪里就把孩子带到哪里，尽量让我们多见世面，多长见识。我上的寄宿的干部子弟学校同班有两个烈士子弟，周末我放学回家，父亲就让我把那两个同学也带到家里来，和自己的孩子一起看戏，一起郊游，同吃、同住、同洗浴、同置衣。有的领导同志奉调到外省主政，父亲就叫老战友的儿女住在自己家里，让他们能够继续在北京的学业。我上五年级时，全班到京郊金山春游，父亲童心不泯，竟也驱车跟着孩子们的大巴一起去踏春，并兴致勃勃地给三十多名小朋友拍摄合影。当年的同学相聚，欣赏这珍贵的历史旧照时，大家都沉浸在对我父亲的深深的怀念中。

1959年父亲去藏区视察平叛后的工作。当地的县委宣传部藏族女干部荷茂作为身边工作人员，照顾他生活十分尽心。虽有一个班的警卫战士护卫，但由于情况复杂险恶，连首长上厕所，荷茂也紧跟不离。她的马，总是比其他战士的马离父亲的坐骑更近。父亲非常喜欢这个朴实机敏的藏族姑娘，征得荷茂和她丈夫县委书记的同意，认她做了干女儿。父亲郑重地办了一桌酒席，邀请当地各族各界的负责人，一起来庆贺这桩民族团结的大喜事。席间，父亲还让荷茂姐给客人斟酒、敬酒，给大家演唱吉祥如意的祝酒歌。后来，草原上居然传说：荷茂姐是红军长征时留下的孤

父亲在认真工作和学习

女，现在，当红军的阿爸回来了，认出了失散多年的亲生女儿。大家都说：汉藏两族的受苦人、革命人，本来就是一家人！这么多年，荷茂夫妇不时总要来北京走娘家，或把母亲接到草原去消夏，真正成了我们家庭中不可或缺的一员。他们的子女、后代，也都成了我们家密不可分的藏族亲戚。

父亲热爱生活，热爱生命，但积劳成疾，被确诊患有十一种疾病。有次生病疗养期间，医生不许他看书、看文件，他就请人每天来给他“上课”，专门讲解唐诗宋词。“老师”到来之前，他总是提前备好了诗集、眼镜和铅笔。只要可能，还要拉上我一起听讲，父子切磋生活的诗意和诗意的生活。

1961年8月，父亲在广州被诊断为肺癌，国庆前后，由医护人员陪同，乘专列返回北京。他拖着瘦弱的病躯，在旁人的搀扶下逐屋到儿女们房间去转了转，看了看，隔天立即住进了协和医院。藏族女儿荷茂姐赶到北京来探望，第一次同全家人见面，却是在这样的境况中，大家悲喜交集，都非常激动。看着荷茂姐穿着鲜艳的藏裙，前面围着五彩氆氇，两根大辫子盘在头上，浓眉大眼，比照片更加精神。父亲对母亲说：“姜鹏，我给你领回这么个女儿，比你想象的还要好得多吧？”为了让泪流满面的藏族女儿开心，父亲专门向医院请假，抱病和全家一起陪荷茂姐到团河玩了一整天。父亲对荷茂姐说：“荷茂，你不是最爱吃葡萄吗？可惜草原上不容易吃到。这次爸爸带你到团河农场葡萄园去，让你吃个够！”这竟成为父亲最后一次远游。肺癌后期，已有大面积转移扩散，父亲相当痛苦，他却以坚韧的革命意志同病魔顽强地战斗到最后一刻。

父亲的一生，是革命的一生，战斗的一生，光荣的一生，也是传奇的一生。他的革命精神，他的高贵品德，他那许多不为人所知的功绩，将永垂不朽，所有正直和善良的人们都会永远怀念他！

二十九年后才知道父亲是共产党员

文／严世柱

红色记忆

为我军买食盐险被日军打死

我的父亲严克生，生于1909年农历冬月初六，家住湖北钟祥泰山村。种田出身，农闲时兼做木工等手艺活。1942年由北山自治乡乡长许世雄介绍加入中国共产党，他的主要工作是担任党的地下交通员。

1940年6月6日，日军强渡汉江（襄河）后，即向北山革命根据地大举进攻。白天日军“大扫荡”，夜间国民党军队偷袭，敌、顽合流，对我北山根据地军民实行控制和封锁，特别是对食盐、医药更是严加控制。北山军民长期没有盐吃，便以辣椒粉代盐，很多军民患了水肿病，严重影响我军民的战斗力。在这种情况下，中共北山坚持委员会书记叶云于1942年9月的一天，亲自找父亲布置任务，要他“千方百计给抗日游击队搞二十斤食盐”，父亲二话没说，接受了这一艰巨任务。次日，父亲将家里的上等干柴挑了一担，赶到荆（门）襄（樊）公路上的日军据点子陵铺卖了，三次化装给游击队买了三斤（每人每次限购一斤）食盐。第四次去买盐时，被日军认出。日军将父亲捆起来倒吊，惨无人道地毒打，头打破了，脸打肿了，浑身是伤，满身是血，要父亲坦白是给新四军买的盐，要父亲说出新四军所在地。父亲坚贞不屈，一口咬定是给“良民”代买的盐。日军将父亲打得昏死过去，用凉水浇醒了再打，扁担打断了又用皮鞭打，吊呀、打呀，死去活来地折磨了他一天，父亲只有一句话：“盐是给‘良民’代买的。我不知道新四军在什么地方。”日军因无证据，也无口供，一无所获，晚上才将父亲放回。

叶云得知父亲为游击队买盐险些丧命，与北山自治乡乡长许世雄和我（我于1942年2月弃笔从戎，参加了北山新四军抗日游击队）同去看望父亲，他们二人均表扬了父亲在日军严刑拷打面前坚贞不屈的英雄气概，赞扬父亲“是一个好样的中国人”！

为我军送情报险被叛徒砍头

1943年8月的一天，父亲接到由湾堰村的地下党员严传达送来的信，要父亲将信火速送给北山新四军游击队。第二天，叛徒、伪乡长鲁玉久不知从何得知父亲给新四军送了信，将父亲捆到泰山村唐成学家，使用各种刑法——“吊鸭子扒水”“坐老虎凳”“灌辣椒水”等，妄想利用严刑，要父亲供出“信是谁送来的？把信又送给了谁”。父亲虽被折磨得遍体鳞伤，但仍一口否认说：“没有送信。”敌人整整折磨了父亲三天，什么口供也未得到。鲁玉久恼羞成怒，决定将父亲砍头示众。千钧一发之际，鲁玉久的住户唐成学出面担保（据钟祥市离休干部、我排的原排长胡传杰同志讲，当时唐成学系地下党员）。鲁玉久答应放人，但放人的条件是三天之内交出十支枪和二十匹白布的钱，合银圆五百六十块，否则烧杀父亲全家。敌人明知父亲交不出这么多钱，还开出这样的条件，显然这条件是个先要钱后要命的阴谋。父亲回家的第二天，鲁玉久及其伪乡公所反动武装，住到郑家沟子郑其伦家，群众就给游击队送来了情报。游击队连夜将其包围，全歼这股反动武装，并活捉了叛徒鲁玉久（我也参加了这次战斗），然后将这个危害革命、危害人民的叛徒处决于小石门，我们全家才免遭其害。

1946年6月26日，内战爆发，北山革命根据地我军主力撤走，留下少数同志坚持斗争，大部分党政军的同志隐蔽、转移，有的同志献出了宝贵的生命。许世雄被叛徒严传云出卖，被八角庙的伪乡长李白泉杀害于泰山村的碾盘山。北山处于严重的白色恐怖之下，当时地下党员都是单线联系。我1944年加入中国共产党，我与父亲之间，他对我保守秘密，我对他守口如瓶，互不暴露自己的党员身份。由于当地党组织的负责人许世雄被敌人杀害，北山的党组织遭到了严重破坏，包括父亲在内的部分党员与党组织失去联系。中华人民共和国成立后，基于种种原因父亲迟迟未能实现恢复党籍的愿望。

1971年1月25日，父亲因患淋巴癌而长辞人间，享年六十二岁。

父亲曾是一位光荣的共产党员！他去日军据点为新四军买盐、送信、送情报，为革命做过很多工作，险些牺牲在日军和叛徒的屠刀之下！而他的遗言是“我唯一的希望是我死后，你能让党组织知道我是抗日战争时期的党员。”1984年，中共钟祥县党组织为父亲实现了多年的遗愿。如果上天有灵，父亲定会在九泉含笑。

北山革命烈士纪念碑

范运进

父亲的抗日往事

文 / 范会起

冲锋步枪卡弹壳

我的父亲范运进于1940年初参加了琼崖抗日游击队独立总队。那一年，父亲十七岁。从此，父亲开始了他的十年革命战争生涯。

父亲是海南文昌人，个子不高，人很机灵，参军前在老家农村放牛，读过几年小学。入伍以后，父亲积极参加军政训练，当年就数次参加了打击日军和敌伪军的战斗。

父亲的老战友韩飞原是琼崖纵队第四团团长。1940年时，他是我父亲的班长。在一次战斗中，正值冲锋的危急关头，父亲的步枪卡住弹壳了，父亲急得要命，拿出枪通条，通了十几下，还是没有通出来。韩飞看到后赶紧过来帮忙，韩飞是老兵，经验多，几下就把弹壳通出来了。那个年代，琼纵的武器装备十分落后，卡壳故障时有发生。2005年，我到韩飞家去拜访，才得知这个小故事。这也是父亲去世后，我听到最早的关于父亲战斗小故事。

惨烈的大水战斗

大水战斗是海南岛抗战期间的第一大仗，也是我们琼纵成立以来最大的一场战斗。1942年1月，岛内顽军及民夫九百多人被琼纵包围在琼山县（今琼山区）中部的大水村。当时，顽军出动三千多人来增援，我军出动两个支队和两个县的地方民兵共三千五百多人，经过五天四夜的激战，毙伤顽军数百人。我军也伤亡数百人。由于我军缺少打攻坚战的经验，没有攻坚武器，弹药消耗过大，难以支撑连续作战，所以主动撤出了战斗。

父亲也参加了大水战斗。其中有一次，敌军被我军包围几天后，有一个据点的敌军假装投降，打着白旗走了出来，我方阵地的一个队长毫无警惕地带着部队去“受降”。谁知狡猾的敌军走到距离我军三四十米时，突然向我军开火，其他据点的敌军也冲了出来，我军被迫后撤。这时，敌军的一颗手榴弹落在父亲身边的战壕里，父亲毫不犹豫地捡起手榴弹扔回敌方，保护了战友并掩护全班战士安全撤退。

“老琼纵”都知道这场著名的大水战斗。“老琼纵”林和平叔叔说：“战士上一批，倒下，再上一批，再倒下，再上……战斗太惨烈了。”“老琼纵”陈说叔叔说：“当时虽说是两个支队，但已几乎是琼纵的所有精锐和老底儿了。”“老琼纵”杨传香阿姨是土地革命时期参加红军的老党员，她说：“把热饭菜送上阵

海口演丰东寨港红树林，父亲就是从这里跳海避险的

地时，我就坐在那里哭，昨天还一起说笑的同志，全牺牲了，没人吃饭了。”大水战斗也是琼纵伤亡最大的一次战斗，当时有近万名群众参战支前，战斗十分激烈，琼纵又要围攻敌军又要消灭增援的敌军，虽然未取得最后胜利，但给予了琼岛国民党顽固派沉重的打击。

遇敌跳海避险

1942年秋，父亲在琼崖抗日游击队独立总队第一支队二大队六中队担任班长。不久，支队政治处组成了征兵工作队，由黎良德同志担任队长。父亲被抽调去征兵队。征兵队很快就到了琼山县演丰镇一带，在黎良德队长的带领下，征兵队在演丰地区活动了数月，深入到各个村庄，开展政治工作，动员农村青年出来参加革命，参加抗日斗争。

一天晚上，征兵队在山尾头村对面的山坡上宿营。由于村庄里有日军驻扎，黎良德队长便安排我父亲和另外一名队员分别到村庄两头附近放哨。父亲在离村头不远的海边放哨，另一名队员则在村尾放哨。

当时琼崖抗日游击队武器十分缺乏，枪支都配给了作战部队，征兵队基本上不配枪，父亲的步枪也就留给了作战部队。

父亲披着一条薄被在村头的海边，监视村庄和海边的红树林情况。天刚蒙蒙亮，日军从村尾出动，在村尾放哨的队员立即跑去通知征兵队转移，而当时却已来不及通知父亲了。日军在山坡扑空后立刻转向村头的海边，发现了父亲，就悄悄地围上来。当父亲听见日军的脚步声时，回头一看，离得最近的那个日军的枪刺就已在父亲身后了，不容多想，父亲立即把披在身上的被子扔向日军的枪口。

父亲跳海后，日军连续向海里开枪，幸亏天还未大亮，日军看不清红树林海面的情况，因此都没有打中我父亲。红树林的海就像一条宽宽的大河，没有什么波浪，红树林的背后是外海。父亲在水里潜游了一阵后，在水中脱掉衣服，赤条条地沿着红树林的水流方向游了近两个小时。天光大亮后，父亲才敢上岸。

累得走不动路的父亲爬到海边一个老百姓的家里，表明了自己的身份后，他得到老百姓帮助，不仅穿上了老百姓的衣服，还在老百姓的帮助下，找到了部队。在这样艰苦的岁月里，父亲凭着坚定的革命意志与征兵队一起完成了征兵任务，共征集了一百多名青年参加部队。

由于父亲在征兵队的英勇表现和对党的忠诚，受到了上级表扬，并被越级提拔为副连级，任第一支队二大队六中队副指导员。从此，父亲开始了从事军队政治工作的生涯。

开枪打坦克

一次，父亲带着几个战士到日军据点旁打冷枪。日军发现后，出动一辆坦克车来追击。父亲没有见过坦克车，不知道这个庞然大物是什么东西，就急忙让几个战士一起开枪打这个大家伙，可打来打去就是打不死。坦克车开近后，不断地朝父亲这个方向开枪开炮。父亲急忙带着几个打伏击的战士一起跑回山上，报告了大队长。大队长也没有见过坦克车，听闻此事立即报告了总队参谋长李振亚同志。从中央红军派来海南协助指挥作战的总队参谋长李振亚见多识广，他告诉大家：这个大家伙是坦克车，子弹是打不进去的。二十多年后，父亲把这个小故事告诉了我，当时的我还是小学生，不能理解战争年代的残酷性，父亲差点牺牲了，我却只是觉得有趣。

父亲和我说，他原先当兵的那个连队，到海南解放时，只剩下三个人了。

我们父辈出生入死干革命的精神值得我们骄傲和学习，琼崖“革命二十三年红旗不倒”，琼崖精神我们要代代相传。

父亲的战斗

文 / 董凤香

董兆恒

父亲出生在美丽、著名的胶东半岛银滩边上，是典型的胶东半岛人，高大魁梧，曾有人形容他像一棵大树，也有人说他像座山。父亲健步如飞，声如洪钟，性格直率豪放，走到哪儿，声音就带到哪儿，笑声也就带到哪儿。父亲的一位战友说，他跟父亲不是很熟，但对父亲的名字记忆深刻，当年行军路上，父亲诙谐的说笑常常让疲劳的战士们忍俊不禁，忘却疲劳。

父亲 1946 年加入民兵，1947 年 2 月为了家乡不受侵略，乡亲不遭欺侮，为了解放全中国，毅然别离爷爷、奶奶、母亲和刚出生一个多月的大哥，带领堂叔、姨父一起参加了解放军并成为一名侦察员，同年 8 月加入中国共产党。父亲曾参加过二十七场大大小小的战斗，其中有著名的济南战役、淮海战役、渡江战役、上海战役，一直南下解放福建，直到 1958 年才第一次回家探亲。

父亲所属部队是陈毅领导的华东野战军。父亲在第十三纵队，纵队司令是周志坚。

父亲打的第一仗是参加解放军四个月后在平度县城（今平度市）与国民党交战。那时，我军武器装备极为落后，完全是小米加步枪，而且很多步枪还打不响，而国民党武器装备精良。激烈的战斗打了一天一夜，双方均伤亡惨重，随父亲一同参军的姨父在这场战斗中光荣牺牲。为保存实力，我军转入山林开始跟敌人打游击战。之后，国民党发动三十万大军向胶东进军，海阳、牟平、烟台先后被占。父亲第一次的侦察任务便是在烟台，当时两人一组，穿便衣，侦察任务就是摸清敌人动向和兵力部署。父亲说初次侦察没有经验，啥也不懂，愣头愣脑地误把敌营当作我部，待靠近发现是敌营时，也被敌人发现了。北方大平原，无处可藏，两人只好转身飞逃，敌人的子弹在耳边嗖嗖飞过……后来，我问父亲："就没伤到你们？"父亲流露出自豪的神情："我们跑得跟飞一样，敌人打不着。"其实，当时父亲的衣袖被子弹打穿了一个洞，所幸未伤到皮肉。

第二仗是在莱阳水沽头。国民党两个师占领了水沽头，我军与之激战三日，终因寡不敌众，未能攻下。为了避免更大的伤亡，部队隐退入山打游击战。由于敌我力量悬殊，解放军就根据自身特点，采取灵活多变的战术：敌进我退，敌退我追，打不过进山打游击白天山里打游击，夜里和雨天急行军。部队一天一夜不睡觉，两天不吃一顿饭是常有的事，夜里行军常常走着走着就睡着了。脚底打起水泡，挑破了继续走。当时老百姓编了一首歌：太阳落西哟，老百姓发了愁，娘啊，八路军又得走。意喻天要黑了，八路军就要行动，要走啦。

1947 年 12 月，莱西阻击战。国民党三个旅欲从青岛前往莱阳西过年，我部奉命派一个团三千余人在莱西小步顶进行阻击，打了三天三夜，战斗相当激烈，敌我双方均伤亡惨重，我部三千余人最后仅余两百多人，最终敌人未能进入莱阳西。

1948 年 1 月，烟台战斗打响。有一次父亲所在的侦察部队七十余人原本准备抓捕敌人一个团（五百余人），却反被敌人包围了，部队只好突围。突围中一颗子弹打在父亲的牛皮带上，被反弹落地，可以说牛皮带保住了父亲的一条性命。

1948 年，潍县战斗。有一次父亲所在侦察排四十余人被敌人包围，侦察排与敌人展开浴血奋战，最后只剩下父亲和另两位侦察员在半夜突围出来。父亲说那场战斗真是惨烈，牺牲了那么多人。说到战斗激烈时，父亲脸上流露出庄重的神情，思绪仿佛又回到了那个场景，长叹不止，不忍再说下去。

1948 年 8 月，济南战役打响。济南是山东省省会，在蒋介石眼里是仅次于南京、天津、徐州的战略要地。为守住济南，国民党精心加固防御工事，并实行"杀光、烧光、抢光"的"三光"政策。中央军委和毛主席命令华东野战军

胶东半岛风光

集中全力投入济南战役，父亲所在的第十三纵队为攻城总预备队。原计划四十天解放济南，我各部浴血奋战，连续突击，仅用了八个昼夜，以伤亡2.6万余人的代价，共歼敌10.4万余人（国民党整编第九十六军军长兼第八十四师师长、济南西线指挥官吴化文率部起义两万人），俘虏其高级将领二十三名，济南解放。父亲、堂叔均参加了这场战斗，同父亲一起参军的同村两位战友在该战斗中英勇牺牲。

1948年，淮海战役打响。作为侦察员的父亲总是先行于部队。侦察任务通常是2～5人同行，穿便衣，带手枪，为了准确摸清敌情，往往要深入敌营，常常是冒着生命危险。父亲说，他们很多次都是硬从国民党眼皮底下飞跑出来的，有一次侦察到一个村庄，发现里面全是敌军，父亲几人立刻飞跑回部队报告敌情……碾庄战斗是淮海战役中心主战场，蒋介石命令黄百韬就地固守待援，黄百韬与粟裕交手多次，此次华野的锋芒所指就是黄百韬兵团。当时，华野对黄百韬兵团的包围并未完全成形，直到父亲所在华野第十三纵队攻占碾庄西面的曹八集后，华野才最终完成了对黄百韬兵团的包围，也才让粟裕稍稍松了口气。碾庄战斗取得全歼黄百韬一个兵团、五个军部，十个整师共计十万余人的胜利，结束了淮海战役的第一阶段，为整场战役的全胜奠定了基础，在中国革命战争史上写下了光辉的一页。

淮海战役一共打了六十六天。我军以六十万人的兵力，打败了近八十万的国民党军。我军在武器装备落后，没有机枪大炮，完全是小米加步枪的情况下打败了武器装备精良的国民党。父亲说胜利的关键在于我们的指战员英勇战斗不怕死，因为参加解放军是人们自发自愿响应党的号召，为迎接新中国的诞生，而积极踊跃报名的。国民党部队的兵，很多是抓壮丁抓来的，他们不愿意为蒋介石卖命。很多国民党士兵被我们俘虏后，通过教育，知道了该为什么当兵该为什么打仗，马上拿起武器，和我们一起战斗。这一切最根本的原因，就是因为反动腐败的蒋介石集团彻底丧失了民心，而共产党赢得了全国人民衷心的拥护和支持。淮海战役我军参战部队有六十万人，而支前的老百姓有五百多万人。成千上万的老百姓推着小轮车，赶着小毛驴，挑着粮食、衣服、鞋等跟随在部队后面，真是车轮滚滚，轰轰烈烈。强大的后勤补给，是胜利的保证，陈毅说得好：“淮海战役的胜利，是老百姓用小车推出来的。”行军打仗时，父亲曾创下一天穿坏四双鞋的纪录，因为行军多在夜里和雨天，纳布底鞋经雨水泡后易坏，这些鞋都是老百姓亲手做的。战士们夜里住在老百姓家，第二天醒来时，所有战士的口袋里都装满了花生、鸡蛋等吃食，衣服、鞋、袜全都洗过、补过一件不错地摆放在原位。“军民鱼水情，解放军和老百姓亲如一家，老百姓的全力支持是打胜仗的根本。”父亲感慨地说。还有一个原因就是，我们有党中央的英明领导和指挥，曾有国家评价说，毛主席领导的解放军有个特点：大路不走走小路，白天不走走夜路，平地不走走山路，这一点是任何军队都比不了的。

遵照毛主席的指示：打过长江去。淮海战役结束后，部队继续行军七天七夜到达长江边。

1949 年 4 月，渡江战役打响。在长江这样最宽处五千米，最窄处两千米的江面上进行大规模作战，在我军历史上还是第一次。过去在老百姓中流传着一句民谚：江无底，海无边，长江不能过，过了就回不来。北方人多不会水性，就连父亲虽然生在大海边，但从未下过海。渡江前，父亲他们到河里练习水性，荡秋千防晕船，运动中练射击等等，为渡江作战做充分准备。在伸手不见五指的夜幕下，成千上万艘大小木帆船开始过江，小的坐 3 ～ 5 人，大船坐十来人。由于天黑，敌人的飞机与军舰看不见小木船，无法开炮，就用军舰在海上肆意乱撞。无数的小木帆船被撞翻，无数的我军指战员落入江中光荣牺牲，然而为了保证大军顺利过江，部队始终保持安静地不放一枪前行。父亲作为侦察兵，乘坐小木帆船，率先过江。抵达镇江时，国民党军早已仓皇逃跑。父亲又随部队经过两日两夜的急行军到达上海，参加解放上海的战役。上海解放后父亲他们继续南下，途经上饶、南平、连江、漳州，一直打到厦门，至 1958 年 8 月 23 日炮战金门。从山东到厦门，历经两年多的时间，一路行军打仗，磨炼了父亲一双铁脚板，父亲走路健步如飞也就不足为奇啦。

父亲深有感触地说，他一直想不明白，自己参加了大小二十七场战斗，次次战斗都很激烈很残酷，牺牲了那么多的战友。为什么子弹就没伤及他？我对父亲说，那是子弹怕你，跟你无缘。

宁死不屈的女战士施奇

供稿 /《大江南北》

女战士施奇

施奇（1919—1942 年），浙江平湖人，女，小时因家境贫困被送人当了童养媳。1936 年毅然离开家乡，到上海一家纱厂当工人。1937 年“八一三事变”后，参加了医疗卫生小组。1938 年 8 月赴云岭参加新四军，被编入教导总队第八队九班，担任班长。不久加入中国共产党。1939 年初，从教导队毕业，分配在军部速记班工作半年余，后调军部机要科，任报务员。1940 年 12 月，新四军主力部队北移前，坚决要求跟部队一起行动。1941 年 1 月，在皖南事变中，不顾生命安危，镇静自若地译发电报，保持军部与党中央的联系。在突围时与同志们失去联系被俘，在上饶集中营宁死不屈遭敌活埋。牺牲时年仅二十三岁。

施奇是被担架抬着押送进集中营的。昔日健康、活泼、美丽的姑娘，被敌人蹂躏成了一个面容憔悴、满头乱发、病魔缠身、身上不断流着脓血的重病号。集中营的特务以治病为诱饵，对施奇说："只要你能悔过自新，承认过去走错了路，我们立刻就送你去看病。"特务们企图胁迫她叛党，也企图诱使施奇用谎言掩盖他们虐待、侮辱女俘的罪行，施奇断然拒绝了。她气愤地说："我有什么错？！抗日有什么错？！为什么要自首？！我这病是怎么得的，你们最清楚，我要控诉你们！我宁愿痛死、烂死，也决不出卖我的灵魂！"

由于得不到治疗，施奇的病一天天恶化，眼窝一天天凹陷，脸色苍白，骨瘦如柴，奄奄一息。集中营中被关押的新四军干部和战士得知施奇的遭遇与病情后，非常愤怒，在狱中党组织的领导下，集中营内响起了抗议敌人暴行、援助施奇的呼声。特务头子见势不妙，便假惺惺地派医官给施奇检查治病，并允许难友参与护理，定时去看望施奇。狱中各队同志纷纷去看望施奇，施奇的接触面越来越广，了解的情报也越来越多。她把这些情报向各队的同志转达。渐渐地，她的病室就成了狱中的联络站，配合着集中营内的对敌斗争。

1941年底，一批同志准备越狱的前夕，偷偷地去看望施奇。施奇激动地握住战友的手说："带我一起走吧！要能从这个人间地狱逃出去，哪怕死在路上，我也甘心了。"话毕，她又感到自己的病体会拖累战友，于是深情地说："不要管我了，你们快走，找到组织后，将我的情况告诉首长和同志们，我要活下去，我多么想把毕生的精力贡献给党的事业，我多么想看到革命的胜利曙光啊！你们出去后，要把这里的遭遇告诉大家，要控诉敌人的罪行，为千千万万烈士报仇！"

1942年6月，上饶集中营南迁前，敌人把施奇抬到茅家岭监狱附近，哄骗她说，准备让她坐船去福建。当特务们到了茅家岭下一个山坡旁时，就把奄奄一息的施奇推进了一个事先挖好的土坑里。施奇用尽全身力气高呼："共产党万岁！共产党人是杀不绝的！革命一定会胜利！"并厉声地质问刽子手："你们卑鄙，你们无耻，你们为什么不敢公开枪杀我？"刽子手们手忙脚乱地往坑里填土，顽强的施奇还在土里挣扎、痛骂，一个特务竟提来一桶水灌了下去，并残暴地用脚把土踩实，新四军女战士施奇就这样被敌人活埋于茅家岭的荒草丛中。

斯人已逝。但施奇不畏强暴、宁死不屈的形象将永远活在人们的心中！

王传藻血洒上海滩

供稿 /《大江南北》

王传藻（？—1942 年）新四军第十八旅采购科科长。在上海执行采购任务时，因奸商出卖被捕。他在日军酷刑面前坚贞不屈，在高官、厚禄、美女等引诱下，仍立场坚定。英雄可歌可泣的精神，永远是我们学习的榜样。

1942 年 2 月初，新四军第六师十八旅采购科科长王传藻，奉命去敌占区上海采购物资。他克服重重困难，想方设法采购到了部队急需的布匹、药品以及军工器材。由同去的吴生大同志负责押运到江都吴桥一个姓朱的保长家里，然后再转运到旅卫生部、军工科和被服总厂。这次任务完成后，王传藻同志冒着危险继续留在上海了解市场情况，准备再采购一些军用物资供部队使用。由于奸商的出卖，王传藻不幸被日本宪兵队抓去。

王传藻在狡猾凶残的敌人面前临危不惧。日本宪兵队长则以为用封官许愿的方法利诱，一定能使王传藻投降。因此，在一开始审讯时，就对王传藻说："只要老实交代你是新四军，来上海购买军火、物资。交代的好，可以让你当司令。"王传藻意识到这是敌人在诱降，立即回答说："我是商人，要我当司令可不行，我不会打仗，只会做买卖，与你们东洋人做买卖。"日本宪兵队长又改口说："你交代的好，我可以给你九个'花姑娘'当老婆。"王传藻轻蔑一笑："这好，可是我不会打仗，什么新四军、共产党，我一概不知道，没什么可交代的。"日本宪兵队长恼羞成怒，见软的不行就妄想用酷刑逼降王传藻，他命令宪兵严刑拷打逼供，用皮鞭抽得王传藻浑身血迹斑斑，见王传藻仍不开口，又放狼狗咬他。凶残的狼狗用尖利的牙齿撕咬着王传藻的身体，王传藻的皮肉被撕裂，鲜血不停地滴落下来。但王传藻还是咬紧牙关，一个字也不说。日本宪兵队长见此状况，又用烧红的烙铁烫王传藻，焦煳的血腥味冒出来了，王传藻仍然不承认自己是新四军。日本宪兵队长又狠毒地用针刺王传藻的手指，十指连心的疼痛，也没能使王传藻屈服。毒刑拷打使他一次次地昏死过去，浑身鲜血直流。但共产党员高贵的品德，使他把严守党的秘密看得比生命还重要。王传藻以惊人的毅力，宁死不屈地抵抗着敌人的折磨，坚称自己是商人，始终没有暴露真实身份。日本宪兵队长无计可施，只好把王传藻押送到镇江，继续严刑拷打，王传藻仍然不屈服。

后经我地下党多方营救，花巨款将王传藻保释出来，并把他送到家乡江都谢家桥养伤。不久，旅政治部主任刘飞、供给部喻求清部长到谢家桥看望王传藻同志，刘主任说："我代表旅首长向你表示慰问，你承受住了敌人对你的残酷折磨，面对死亡的威胁，毫不畏惧，立场坚定，英勇不屈的气概是我们学习的榜样！你是人民的好儿子！"

不久，王传藻同志终因伤势过重而光荣牺牲。王传藻同志的光荣事迹，激励着全体指战员在以后打击日本侵略者的战斗中勇往直前。

『小管枪』

供稿／《大江南北》

苏北地区有个丁埝镇，河东为如东，河西为如皋，地盘不大，地势却险要，南北扼通扬河要冲，东西踞通海大道之门。抗战时期，日军长年在此驻扎有重兵。

丁埝镇最热闹的地方就是洋桥口。

一天上午，离洋桥口不远，许多人伸长脖子围着一个小孩看热闹。小孩长得又黑又瘦，一双滴溜溜的黑眼珠显得异常机灵，此刻他浑身泥水，手里抱着与他一样长的管枪鱼。此鱼少说也有十七八斤，摆动尾巴，拼力挣扎。通扬河边的人都知道“千鱼易逮，一枪难求”，能吃上管枪鱼实在是莫大的口福。并非河中管枪鱼少，而是要将它捕捉到手实在不易。莫说鱼鹰非它对手，即使是结实的渔网也容易被它钻个窟窿，逃之夭夭。眼下小孩手抱如此巨大的管枪鱼，谁不惊奇？

丁埝镇“清乡”队长、汉奸陈百伟的管家连忙挤进人群说：“这管枪鱼我要了，小家伙开个价码吧！”

“十块大洋。”小孩向管家眨巴着大眼睛回答。

“哼，你倒会抬价！”汉奸陈百伟亲自出马，他挤了过来，伸手抓住管枪鱼说：“有本事再下水抓一条同样大小的，两条配成对，老子一个子儿也不少，给二十块大洋！”

“别动！”小孩将鱼抱开，管枪鱼的大尾巴在他手下连连摆动。小孩用一双黑溜溜大眼睛虎视着陈百伟，“说话可算数？”

“哈哈，担心老子不给钱？”陈百伟缩回手，晃着大脑袋，“再逮一条，老子给二十块大洋，另外加赏！”

小孩听了，把鱼放在地上，转身飞奔到河边，扑通跳下水。

陈百伟燃起烟，蹲在地上守望。围观的群众也都不肯散去。半个时辰过去了，陈百伟将手中烟蒂一扔，冷笑道：“哼，捉不到管枪鱼，我要你好看！”

正说间，水中掀起一层浪花，哗啦一声。浪花中冒出人头，跟着一条白花花的管枪鱼举出了水面。河岸上轰地炸开了，人们欢呼、惊叫，大家不知道小孩子叫什么名字，只好临时用“小管枪”来替代。“小管枪”的美名从男人、女人、老人、小孩口中不断被呼叫出来，这个十一二岁的外来小孩，从此有了个名字“小管枪”。

此刻，洋桥上过来一群日本兵。日军队长山崎少佐将“小管枪”捉鱼一幕看得一清二楚。他勒马停步，竖起大拇指，用生硬的中国话说：“管枪，大大的好！陈队长的，叫小孩的每天向皇军交大大的管枪鱼！”

听到日军的号叫，聚集在河边的人们顷刻散开，陈百伟迎上前去，点头哈腰，连连称是，回头吆喝河里的“小管枪”：“快将管枪鱼拿来孝敬太君！”

双手抱鱼立在河里的“小管枪”听了，松开两手，哗啦一声，银光闪闪的管枪鱼跃入水中不见了。

汉奸陈百伟吓慌了，他铁青着脸奔到水边，啪啪给了“小管枪”两记耳光。“小管枪”直直地立在水里，不哭也不动，圆睁双目向汉奸射去两道怒火。桥上的山崎队长气得直嚷嚷：“小家伙大大的坏！陈队长，把他带回去关起来，每天不给皇军交两条大管枪鱼，就不给饭吃！”

原来“小管枪”是个流浪儿，他和父母一家三口原在洪泽湖以捕鱼为生。全面抗战爆发后，爸爸参加了新四军游击队，妈妈被日军逼得投水自尽，丢下“小管枪”一人四处流浪。他盼望早日找到新四军游击队，找到爸爸，找到为妈妈复仇的机会。现在要他为日军捉管枪鱼，他心想：“捉来烂掉、臭掉也决不给鬼子！”

汉奸陈百伟拿他没法，只得将他关起来，吩咐管家道：“不给太君捉管枪鱼就饿死他！”

“小管枪”被关在厨房背后的米仓里。半夜三更，外面刮着呼呼大风，几只老鼠从他耳边爬过去，厮打着、追逐着。他靠在米袋上翻来覆去，察看四周，盘算着如何逃出敌人的魔掌。

突然隔壁传来响声，跟着是山崎的吼叫声：“游击队的，大大的坏，不招供，给我往死里打！”

接着，是一阵噼里啪啦的皮鞭声，同时传来女人凄惨的呻吟声。

米仓与隔壁耳房中间有一小窗，窗上挂着草帘。“小管枪”悄悄挪到窗口，掀起草帘一角一看，顿时惊呆了。原来耳房大梁上吊着一个女人，披头散发，衣衫褴褛，浑身都是血迹。山崎的一只手淌着血，他恶狠狠地吼叫道：“你的咬伤我的手，我的要你的命！给我打，狠狠打！”

日本兵端起枪，用枪托猛打过去，

女人抽搐了几下就昏死过去。

山崎转身命令陈百伟："新四军的交给你，一定要她交手枪、公文包！听到的没有？"

"是，是！"陈百伟点头哈腰，"一定找到！"

陈百伟恭恭敬敬将山崎送出门，回头叫打手端来冷水，向女人泼去。渐渐地，女人又醒了。

"我知道你是共产党区委书记，新四军游击队长。逃跑时，有人看见你把手枪和公文包扔到河里了。只要你说出今夜和你一起开会的人逃到哪儿去了，帮我们一起把公文包和手枪找到，陈某人包你平安无事，太君那边还会大大有赏。如果不说，吊一夜，明早山崎队长定会将你处死！"

陈百伟说着，伸手将她脸上的乱发撩开。女队长猛抬头，怒睁双目，呸一声，连血带痰向他吐去。陈百伟措手不及，被吐了一脸，连忙伸手擦拭，边擦边骂："你这个不知好歹的家伙，看我打死你！"

皮鞭雨点般打在女队长身上。女队长只是抽搐。汉奸恶毒地打过一阵，砰地关上门，上了锁，吩咐手下说："夜间给我看牢，明日再审。"

这一切，都被"小管枪"看在眼里。汉奸走后，他见四周悄无动静，灵机一动，掀开窗帘，爬进耳房，蹑手蹑脚来到女游击队长身边，轻声说："别出声，我帮你逃！"说罢，赶紧给她解开绳子，贴着耳朵低语几句，搀扶着她爬回米仓。"小管枪"放下女队长，独自去厨房察看了一下动静，见无人影，便迅速转身回来，拉起女队长从厨房逃了出去。两人穿过屋后的竹园，来到通扬河边。天黑风大，通扬河的大浪拍打着河岸。伤势严重的女队长望着风大浪高的河水摇摇头，无力地倒在草堆上，说："我不行了，你快逃吧！"

"别怕，我有办法！""小管枪"说着，毫不犹豫地将女队长背起，扑通一声跳进了汹涌的河水。在水里"小管枪"好似一条小龙，上蹿下翻，不用女队长费力，就将她顶在水面上，顺着风浪，很快带到了对岸。此时"小管枪"忽然听到对岸响起杂乱的枪声和日军、汉奸的吆喝声。显然，敌人已发觉女队长逃走了。

雪亮的手电光在水面照射，几十个火把向洋桥口飞去，枪声愈来愈急，喊声愈来愈高，敌人正绕道洋桥向河这边追来。情势危急，"小管枪"果断地指指前面大片玉米地说："大姐，敌人追来了，你快爬进玉米地，我掩护你！"

女队长将他搂进怀里，说："不，你不能回去，敌人绝不会放过你！"

"不行，敌人越来越近了，我得尽快回去搞点伪装，你得听我的！"

"小弟弟，你叫什么名字？"女队长激动地问。

"小管枪！"说罢，他挣脱出女队长的手，扑通一声跳进了波涛汹涌的通扬河里。

女队长不再犹豫，立即挣扎着爬进玉米地。她身受重伤，每前进一步都非常艰难，汗水和着血水不断地往下流，挣扎了一阵，腿脚就不听使唤了。尽管敌人愈来愈近，她却无力挪动。她咬了咬牙，双手抱起身边一块石头，横下一条心，准备与追来的敌人拼个死活。

突然，情况发生了变化。陈百伟家上空腾起一团大火，火借风势，迅速烧

红半边天，映红了通扬河水，噼噼啪啪的爆炸声响彻云霄。陈百伟和“清乡”队再也顾不上追人，惊恐地呼叫着，通通掉头向家中奔去。

藏在玉米地里的女队长望着对岸熊熊大火，心中全明白了，这一定是“小管枪”的杰作！

第二天，通扬河岸边站满了人，日本兵和汉奸正逼着“小管枪”从水中捞物。陈百伟站在山崎队长身边讨好地说：“昨天女游击队长被皇军追得走投无路时，将公文包和手枪一起扔进河里了，就扔在附近，我手下几个人都看见了，一定不会错。”

山崎满肚子火气，突然右手拔刀架在陈百伟的脖子上，向他怒吼道：“你的，让新四军的逃走，大大的不中用！公文包的，太重要，捞不出来，死啦死啦的！”

陈百伟吓得双腿打战，眼睛直勾勾地望着水面，希望“小管枪”快点捞出公文包和小手枪。

山崎焦躁地向河里连开两枪，咆哮道：“小东西，不捞出公文包，水里死啦死啦的！”

而“小管枪”此刻正在水下，沿河底潜行。他从小被洪泽湖水洗浪打，浮在水面能睡觉，潜入水底会屏气，水上水下能看能听、能爬能行、能捉能拿。他从敌人口中得知女队长已脱险，心中一块石头落了地，彻底放心了。听说还有公文包和手枪被扔在水里，敌人费尽心思想要找到，他岂能让他们得到！于是他在河底仔细寻找，双手不停地翻扒着淤泥。找呀找，不久，果然找到了。他将包和枪捆在一起，用脚拼命踩，一直踩到他认为别人再无法找到为止。同时，他在淤泥中还翻出一枚手榴弹。他将手榴弹握在手中，顺手逮住一条管枪鱼，将手榴弹塞进鱼嘴，推进鱼肚，连木柄也不外露。“小管枪”一手抓紧鱼鳃，一手扣着手榴弹的导火线，哗啦一声蹿出了水面。一条银白闪亮的管枪鱼不停地摆动尾巴．水面溅起阵阵浪花。

“文件，管枪鱼里有文件！”“小管枪”高声大叫，“你们快看呀！”

岸上的日本军和汉奸十分惊奇，山崎带头向水边奔来，陈百伟和其他日本军、汉奸也都纷纷向水边涌来，全都对着摆动的管枪鱼瞪大眼睛。

“小管枪”迅速靠近河岸，眼看离敌人只有几步之遥，猛拉手榴弹的导火线，呼一声将手中的管枪鱼向敌人扔去，紧跟着是惊天动地的爆炸。日本军、汉奸血肉横飞，山崎倒在血泊中，陈百伟脑袋开了花，其余的日本军、汉奸鬼哭狼嚎，倒的倒，逃的逃。此时的“小管枪”早已跃入了河中。

敌人乱过一阵，方才醒悟过来，慌里慌张赶紧开枪，子弹如雨点般飞落在通扬河里。可是，“小管枪”早已不知去向。

有人说“小管枪”这次被敌人乱枪打死了，但从来没有人见过他的尸体；也有人说他潜水逃走了，找到了游击队，当了新四军。还有个挑货郎担的人说，他在游击队见过“小管枪”，穿着新四军军装，挺神气……丁埝镇人忘不了“小管枪”，每每见到管枪鱼，就会想起这位抗日小英雄。

朝鲜战场上的“神医”孙凤钜

文/安克骏　李　瑶

抗美援朝战争已经过去了，硝烟已逝，留下的只有无数烈士的英名和英雄的事迹。今天，当我们再度回首的时候，不仅要永远铭记那些牺牲在战斗一线的烈士，还要感谢在医疗和运输中勇于奉献的英雄。正是他们的积极配合和无私奉献，为战争做好了全面的后备工作。在朝鲜战场上，医疗人员将手术台当作战场，挽救了无数伤员的生命，为革命保存了实力。在他们身上发生了许多动人的事迹，虽然他们只是救护人员，但是他们的事迹同战场上的英雄一样动人心弦。在当年的朝鲜战场上，就传颂着“神医”孙凤钜在战火中抢救伤员的动人故事。

孙凤钜，山东省蓬莱迁驾沟村人，出生于1926年。1939年5月参加八路军。1942年11月加入中国共产党，历任护理班长、团卫生队军医、后方医院内科医生、华东第九纵队卫生部外科手术室室长、手术队队长。他医术精湛，而且心地善良，在军界和医界享有盛名。

参军前的宏伟志愿

1928年，孙凤钜才两岁，正是牙牙学语、蹒跚学步的时候，也正是绕母膝下撒娇的时候。母亲却患了重病，因为没钱医治而病故了。丧母的伤痛在凤钜幼小的心灵中留下了无法消除的阴影。童年时期最重要的人就这样离他而去了，而父亲一直在城里一家客栈做店员，又没有精力照顾他。为了凤钜的生活有依靠，也为了能有人全心全意地照顾他，父亲为他认了义父。从此凤钜又多了一份爱护。凤钜八岁的时候就住到了义父家中，在义父的照料下，凤钜一天天地长大。终于到了上学的年龄，义父并不因为他是养子而偏心于他。在义父的筹措

下，孙凤钜和其他的孩子一样上学堂读起了书。在义父家中凤钜重温到了家庭的温馨和幸福，但是好景不长，一年后义父又病故了。从此再也没有人供他念书了，孙凤钜辍学了。两次丧失亲人的痛楚，给了孙凤钜沉重的打击。也许正是因为病故的母亲与义父，孙凤钜后来才走上了行医的道路。

1939年的时候，孙凤钜已经十三岁了，那个幼小的、总要依赖别人的孩童长成了一位翩翩少年。他有了自己的思想，开始用那颗好奇心来打量周围更广阔的世界了。5月是草长莺飞的时节，万物复苏，大地又开始生机勃勃了。孙凤钜的心也和春天的大地一样有了新的成长。在心里谋划了好久以后，孙凤钜决定到外面的世界去闯一闯。1939年5月的一天，孙凤钜瞒着所有的人，偷偷地离开了义父家，去闯荡世界。他的心里装着太多的爱，那是母亲和义父所给予他的财富；他的心里也装着太多的痛，那是亲人病故留给他的终生遗憾。在目睹了社会的现状后，孙凤钜毅然参加了八路军。经历了丧失亲人的痛苦之后，孙凤钜迷上了医术。他要用自己的努力去救助孤贫、去医治病痛，让爱充满人间。

参军一年后，孙凤钜成了一名卫生员。他是卫生队里面最勤奋好学的一个，不久就学会了一些一般的医务常识，担任起复杂、繁重的护理工作。孙凤钜腿脚勤快，嘴巴和脑子也很灵活，在做好护理工作的同时，他积极地向军医请教。在工作中遇到不会的问题就请教别人，医生给伤员看病的时候他总是在一边细心地观看。一段时间之后，孙凤钜的医疗技术有了很大的提高，从护理员、护理班长一直做到卫生队军医、内科医生，后来还掌握了外科技术，成了手术队的队长。孙凤钜总是千方百计地救治伤病员，在治疗中他坚持着“宁可接受经验，也不接受教训”的原则。他不仅医术精湛，而且性格温和。在全心救助伤员的同时还会像慈父一般安慰他们，在孙凤钜高明的医术和贴心的鼓励下，一批批伤员恢复了健康。

战场救助　无私奉献

1950年11月下旬，孙凤钜参加了中国人民志愿军，并唱着“雄赳赳，气昂昂，跨过鸭绿江”的志愿军军歌从临江入朝。在抗美援朝战争中，孙凤钜任志愿军第九兵团卫生部医疗手术队队长、前线救护所所长、医疗所副所长。他参加了第二、第四、第五次战役，1951年阵地防御作战和1952年秋季战术性反击战役。在战争的硝烟中，孙凤钜把手术台当战场，多次冒着生命危险在炮火下抢救伤病员，先后救活十几名生命垂危的伤员，在朝鲜战场东线被官兵们誉为“神医”。

1950年11月27日，他所在的部队在长津湖地区与敌人的陆军第一师一部和第七师进行了激烈的遭遇战。敌机扔出的炸弹与天上的雪花一样遍地“开花”，一批批重伤员不断从前线抬下来。当时担任二十七军手术队队长的孙凤钜和队员们面临着一次极为严峻的考验。手术棚白天容易被敌机发现，医护人员们只能在夜间能见度低、敌人飞机活动受限时，抓紧时间抢救伤员。野外寒冷容易受冻，他们就利用偏僻的民房作手术室，在室内生火取暖，在炕上用木箱或学生的课桌搭起临时的手术台，抢救一批批伤病员。

孙凤钜就是在这样艰苦的医疗条件下奋力挽救着战场上的伤员。朝鲜的冬季天寒地冻，有时气温会低到零下二三十摄氏度，药品常因冻坏而失效。遇到大雪，天气更加恶劣，西北风呼呼地刮，雪花直往脖子里钻。在这样恶劣的环境下，伤病员们的伤口虽然不易感染，却常因为冻伤而恶化。特别是志愿军入朝初期，各种供给无法马上运到前线，战士们大多都穿着薄棉衣和胶鞋，在这样的冰天雪地里冻伤的战士日益增多。如何对抗严寒、解决防冻问题，成了困扰军医孙凤钜的一个大问题。后来他们就自己发明了一个办法：将大石头烤热，放在伤员的两边，以此取暖。夏天朝鲜又经常大雨滂沱，道路泥泞，影响伤员的转移和治疗，而且时刻都会遭到敌机的轰炸。

1950 年 11 月下旬的一天，孙凤钜已经两天两夜没有休息了，刚把工作服脱下准备歇口气时，军医孔繁江闯进来，说来了一名重病员，呕吐、肚痛，严重休克，需要马上手术。孙凤钜来不及去穿工作服，穿上棉衣就往外跑，脑子里不停地想着病员的情况。他摸黑赶到数里外的手术棚时，病员辛正池脸色苍白，两眼凹进，呼吸困难，嘴边滴着褐色的苦沫，已经休克了。孙凤钜依据病情，初步诊断为肠梗阻，再查证，确认为此病。他让护士把病员迅速抬到手术室，立即施行剖腹手术。病员的腹部被剖开，肠子胀得像铁棒一样。孙凤钜在肠子适当的位置上切开一个小口，让气体和液体全放出来，又缝合好。暂时的病痛消除了，但却找不到梗阻的位置。他细心地顺着小肠找寻，终于发现小肠的一部分与肝粘连在一起了。孙凤钜决定马上分离！手术在灯光下紧张而有序地进行着。孙凤钜虽然劳累了一天，但是当他站在手术台前时，所有的疲惫都被那种责任感一扫而空了。医护人员们的额头上都渗出了汗珠，但是每个人都是那么全神贯注。经过两个小时的紧张手术，辛正池终于脱离了危险。辛正池得救了，医护人员们长长地出了口气，孙凤钜以他高度的责任心和高超的医术，又一次挽救了同志的生命。

第五次战役第二阶段的一天，孙凤钜连续工作了十多个小时后，又来到病区检查伤员。在四班病区，他发现有三名伤员下肢溃肿。他仔细察看和询问，断定为气性坏疽，这是一种同破伤风一样可怕的传染病，必须立即动手术，否则伤员可能会因为中毒而失去宝贵的生命。这时，二班病区的医生跑来向他报告，有两名伤员的病情很严重。他立即赶到二班病区察看：一名伤员左手缠着厚厚的绷带，血还一滴一滴地流着，应该是掌心动脉受了伤；另一名伤员左臂被打断，肱动脉的断端被血栓堵住，一旦血压冲破血栓，就会因大出血而丧失生命。孙凤钜决定：这五名伤员必须立即进行手术。

孙凤钜飞快跑回手术室，进行手术的准备工作。但眼前的境况使他大吃一惊：用雨布搭成的手术棚已经被拆除了。护士告诉他：情况变了，敌军正向这里展开猛烈的反冲击，为寻求歼敌战机，司令部下达了转移命令，范队长正在研究转移伤员的编队工作。孙凤钜听了转移的命令后，立即想到在这种情况下，转移等于将这五名同志往绝路上送。为了挽救五名同志的生命，他找到范队长，详细汇报了五名伤员的病情和自己请求

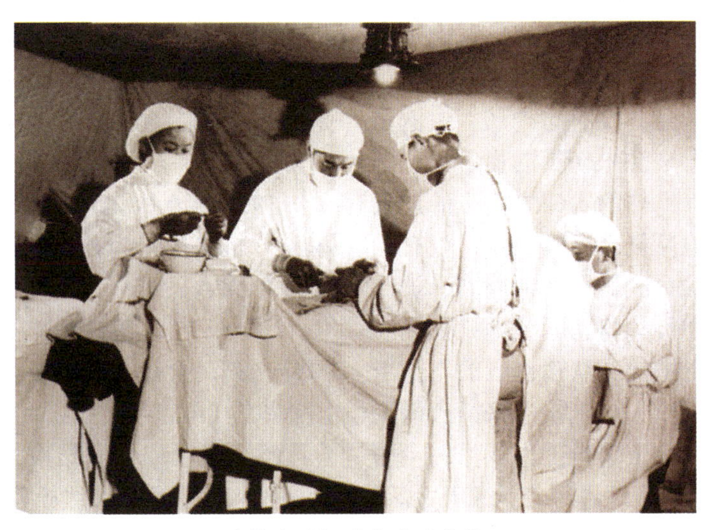

在炮火硝烟的战地动手术

留下来手术的意见，以及应对突发情况的办法。范队长经慎重考虑，并请示上级获准同意。孙凤钜又回到了手术室，把自愿留下来的医生、司药、护士班长召集起来，说："上级已经批准我们留下来给五名重伤员动手术。"停了停，他望着开始转移的部队说："关键是要快，一刻也不能停，停顿、迟缓，就是伤员的死亡，就是我们大家的危险。"在隆隆炮声中手术棚又重新支了起来，帆布门打开了，一名伤员抬进来，又一名伤员抬进来。孙凤钜一面做着手术，一面不停地做伤员的思想工作。手术室外，敌人的枪炮声一阵紧似一阵，帆布棚被震得不停地抖动，手术室里，医护人员们在不停地工作：消毒、注射、剖割、缝合、扎绷带，一名伤员被抬出去了，又一名伤员被抬了进来。五台刻不容缓的手术紧张而又有序地进行着，五名生命垂危的伤员渐渐远离了死神的阴影。紧张的工作持续了半天，五台手术都成功地完成了，五名重伤员从死亡线上抢救了回来。孙凤钜脱下工作服，轻松地吁了一口长气，这五名伤员可以安全地转到后方去了。

一个月后，孙凤钜的手术队到达金城前线。这里房子被炸平了，伤员只能住在潮湿的山洞里。一名肠子被弹片穿了三个洞的战士，名叫韩世仁。他的肠子已经缝合，然而呕吐不止、虚汗淋漓，极度的精神烦躁，严重的失血和腹膜炎使他生命垂危。孙凤钜双手抚摸着韩世仁的头说："你看，他们都是肠子受了伤，不是已经好了吗？你也会好的。"韩世仁听到这慈祥的声音，顿时停止了呻吟。孙凤钜决定立即给韩世仁输血，抢救他的生命。他找到所有的医护人员说："战士们连自己的生命都能无畏地献出，我们捐献点血又算什么呢？救死扶伤是医生的职责所在，想尽一切办法救治伤员，是我们必须要做到的。只有当我们最后尽到了自己的责任，那么我们才能在同志们面前无愧于医生的称号。"医生、护士都明白了，挽救韩世仁的生命，只有输血最后一条路了。护士们忙着将器械消毒，输血的准备工作开始紧张地进行着。这时，司药室的同志报告说，输血用的枸橼酸钠没有了。孙凤钜听到后十分着急，没有这种药，血液很容易凝固，无法注入伤员的血管里。怎么办？难道韩世仁的生命之路真的走到绝境上了？他反复思考后决定，没有枸橼酸钠也要输血。输血者的胳膊、护士的注射器和伤员的胳膊紧紧地排列在一起，一个护士把针头从输血者的胳膊上拔下，另一个护士马上接过来插入韩世仁的血管内，整个输血工作就像一台精密的机器，有节奏地进行着。几天之后，韩世仁从病床上走下来，要往后方转移了。当他坐上转移的担架时，眼眶里禁不住流出泪花，他紧紧握住孙凤钜的手说："我这条命是你们救下来的啊！"

声名远扬建功勋

像这样动人的事迹，在朝鲜战场上数也数不过来。孙凤钜只是千万医护人员中的普通一员，他从不认为自己做了多伟大的事，只是认为救死扶伤是一个医生的责任，而自己不过是完成自己应尽的责任而已。况且在战场上，伤员的救治和恢复直接关系到战斗力的强盛，挽救一个伤员就是为战争多保留了一份力量。

1952 年 9 月 24 日，中国人民志愿军领导机关决定为孙凤钜记特等功，授予他中国人民志愿军一级模范称号，同年 10 月 25 日，朝鲜民主主义人民共和国最高人民会议常任委员会授予他二级国旗勋章、二级自由独立勋章。1953 年 7 月，抗美援朝战争结束，孙凤钜被评为中国人民志愿军一级模范、特等功臣，三次受到毛泽东、朱德、周恩来等党和国家领导人的亲切接见。

1988 年孙凤钜从领导岗位上退下来后，与数名医学老专家成立了"专家义诊小组"，定期到革命老区、少数民族聚居地、边远山区进行义务巡诊，为生活贫苦的百姓送医送药。他说："能在有生之年，为那些饱受病痛折磨的群众减轻一份痛苦，是我最大的心愿。"

虎口拔牙

文 / 乔家霖

1939 年 6 月，正是江南黄梅挂枝、阴雨连绵的时节。无锡东乡的小镇梅村却变得热闹起来。街道两旁贴着红红绿绿的抗日标语，小学操场上老百姓和战士们聚在一起开联欢会。更引人注目的是那饱经沧桑的泰伯庙，抗战以来一直冷冷清清，如今却驻扎了军队，整天有人进进出出，大门口还有卫兵在把守。这一天，两匹快马飞奔而至，从马上跳下两个人来。一个脸庞刚毅，身材高大，他是新四军老六团副团长吴焜；另一个身材矮小，眉清目秀，他是江抗副总指挥何克希。卫兵举手报告道："吴司令、何司令，叶司令正在等你们呢！"

吴、何二人来到供奉吴王泰伯的主殿里，只见有两个人正伏在桌上查看地图。一个文质彬彬的是新四军老六团团长兼江抗副总指挥叶飞，另一个矮小精悍的是团参谋长乔信明。

叶飞见吴、何二人到来，便开门见山地说："我们来到东路地区已经一个多月了，基本情况已经掌握。日伪很狂妄，老百姓很失望。我们要完成陈毅司令员交给的筹集人、枪、款的任务，还得进一步打开局面。"

他的话音刚落，吴焜便接着说："我们从常熟、江阴来，那边的情况也差不多。我看，不打几场硬仗，就得不到群众支持。"

乔信明在一旁开口道："对！你们没来前，我们初步商定攻打浒墅关车站，不知你们意见如何？"

"打浒墅关？那可是京沪铁路和大运河的关隘啊！"曾在东路做过地下工作的何克希不由惊奇地说。

叶飞点点头道："打蛇打七寸。正因为它离苏州城很近，周围又有望亭、黄埭、枫桥等日伪据点，我们才选择打它。这叫虎口拔牙，威震四方。只要我们摸清敌情、精心指挥，就一定能取得胜利。"

何克希、吴焜等人听了频频点头，由衷钦佩叶司令的胆识和决心。

初夏时节，浒墅关镇上的同昌福茶馆生意兴隆。将近晌午，茶客大半离去。这时，走进一对以兄妹相称的青年教师。男的泡了壶茶自斟自饮，女的出去片刻后带回一个男青年。乍看上去，这三位闲情逸致颇浓，不仅切磋学问，甚至还握笔赋诗作画。其实呢，这兄妹俩是江抗指挥部派出的侦察员。"大哥"是参谋周达明，"小妹"是战地服务团团员李关

玉。小李是本地人，情况比较熟悉。为慎重起见，她专门找来结拜小姐妹的丈夫小徐询问敌情，那纸头上也并非诗画，而是浒墅关车站的草图。

周参谋问道：“进站看看行不行？”

小徐连声道：“不行！不行！鬼子到处在找‘花姑娘’，李姐千万不能进去！”

“她不去，我一人跟你去。”周参谋见小徐面有难色，就又鼓励道，“你只管放心好了。北平上海，关里关外，我都闯过，是‘老码头’啦！”

周参谋随小徐从容地进了浒墅关车站。只见东头有几间木屋，屋顶上还飘着日本膏药旗。周围拉着铁丝网，大约有二三十个日本兵正在集合操练。西头也有几间木屋，周围砌着高高的砖墙，中间还留有机枪眼，里面住着日军一个班。中间则是票房、月台和站长室，日本职员正在叱责着装货的搬运工人。看到这一切，周参谋胸中不禁燃起怒火，暗暗骂道：“看你们还能凶几天！”

回到同昌福茶馆，周参谋立即在草图上作了补充。然后郑重地对小李、小徐说：“我马上返回指挥部，你们留下监视敌情。记住，三天之内敌情如有变化，一定要报告指挥部！”

6月24日傍晚，江抗勇士们奉命从梅村出发了。他们要去奔袭四十里以外的浒墅关车站。绵绵阴雨，道路泥泞。机枪手扛着心爱的苏联造转盘机枪，小心翼翼地迈着步子。投弹手腰间插满手榴弹，个个变成了大胖子。远远近近的狗叫声，更增添了紧张的战斗气氛。走在队伍前头的是主攻连连长吴立夏和指导员吴立批。说来真巧，他俩是叔伯兄弟。在闽东的崇山峻岭里，他们共同经历了枪林弹雨的洗礼，练就了一身山地游击战的本领。如今，他俩又挺进江南敌后战场，在与侵略者作殊死斗争中成长为出色的连队指挥员。

当部队赶到出击地点时，已是半夜

时分了。吴指导员发现几个巡逻的日本兵向车站走去，边走边谈笑。他立即带领二排战士悄悄尾随着敌人，向车站西头去了。吴连长则带领一排直插车站东头，把日军营房包围了起来。营房里传来阵阵鼾声。吴连长从窗口向里一看，只见床铺上横七竖八地躺着赤膊的日本兵，正在做着美梦呢！吴连长命令机枪手架好机枪，投弹手备好手榴弹。他掏出腰间的手榴弹，本想从窗口扔进去，仔细一瞧，窗上有铁丝网。于是，他敏捷地一个转身冲进木屋，左右开弓地将手榴弹投向敌人，打响了浒墅关战斗。轰！轰！一枚枚手榴弹飞向同一目标。敌人营房里的汽油桶和弹药箱被引爆，响起巨大的爆炸声，夜空升腾起滚滚硝烟，敌人乱作一团。突然，木屋的墙倒塌了，日军警备队长山本像一只受伤的野兽一样冲出火海，被埋伏在周围的江抗勇士一举生擒。这时，远处传来装甲车声，苏州的援敌已经出动了。山本以为救兵到来，穷凶极恶，乱踢乱咬，被战士当场击毙。

再说吴指导员带领二排战士摸进西头敌营房大门后，悄悄地隐蔽在围墙两侧。二排长见门边放着一挺轻机枪，便爬过去把枪提了过来。此时，一个睡得稀里糊涂的日军爬起来，像醉汉一样摇摇晃晃地走出营房大门小解。吴指导员见了不由一惊，但不一会儿，眼见那个日军又晃晃悠悠地回到铺上呼呼大睡起来。当攻击信号传来后，二排战士迅速向营房里投去手榴弹，发起攻击，整个营房变成了一片火海。

嗒嗒嗒！远处响起撤出战斗的号声。江抗战士们迅速收兵，踏上胜利的归途。仅仅半个小时的战斗，就全歼了日军警备队长山本以下五十五人，伪军一个中队。车站西头的铁轨被炸断，迫使京沪铁路运输中断三天。黄埭等据点也被江抗警戒打援的部队拔除。胜利的消息传开后。地方上各派势力和武装力量纷纷前来联系，要求编入江抗。不出两个月，江抗已由一千余人迅速扩大为四千余人。

胜利消息传到上海，各家报纸竞相登载，振奋了沦陷区人民的抗日情绪。美国女记者史沫特莱还将电讯传到海外，向全世界宣告：中国人民正英勇战斗在反法西斯斗争的最前线。

夜袭浒墅关纪念碑

奇袭青山日军飞机场

供稿/湖北省武汉市青山区委党史办

1943年后，抗日战争进入了关键阶段，日本帝国主义为了挽救其在太平洋和其他战场上的节节失利的局面，企图以增强空中机动力量和打通所有交通干线，来保证作战部队所需要的补充和给养。华中日军司令部决定在武昌的青山修建一个飞机场，在魏家咀强占耕地千余亩，每天强拉民夫上千人，强派运送各种物资的牛、马车数十辆，日军负责施工监督的内部警戒，伪保安大队萧春庭部则担任巡逻和外围防守，加紧抢修，严格盘查进出工地的人员，戒备森严。

1944年6月。新四军五师鄂南武工部总队和鄂南中心县委决定主动出击，出其不意袭击青山机场，粉碎敌人修建机场的计划。接到上级指示，武北支队派方文华等同志三次化装潜入机场工地和萧春庭部驻防地区侦察，掌握了周围地形和敌人布防、活动规律等情况。中心县委书记鲁明健和武鄂总队领导根据侦察员的汇报，一起研究作战方案。经过分析认为，敌人机场一面临江，三面有大小湖泊和农田，是一个开阔的平野，周围分布了不少日伪军据点与哨卡，行动尽在敌人的视线之内，不利于行军机动和作战，大部队根本无法展开，只能派出一支精悍小分队穿插深入，奇袭机场。行军路线选定走长江水道，从黄冈附近出发，逆江而上，设法利用夜幕掩护和向导避开葛店、阳逻等沿岸敌人的据点和水上巡逻队，到达目的地后采用速战速决的方式，在武昌的敌人还来不及作出反应时迅速撤出战斗。参战部队由武鄂总队七连一个排、总队警卫班和武北支队一个班共五十八人组成，由总队长汤楚英和支队政委姜南平统一指挥。

作战方案确定后，6月20日，武鄂部队的指战员由鄂城樊湖吕家畈出发，从华容、段店敌据点之间直插赵嘴渡口过长江，傍晚时到达黄冈龙口，与武北支队的一个班会合，开始作战前准备，包括检查武器装备，征集船只，联系向导和船工，讨论行军作战中可能会遇到的情况和解决的办法等。

6月22日天刚接近黄昏，部队紧急集合，七连陈志清连长作了简短的战前动员，交代了行军作战中的纪律和注意事项。随着一声“出发”的命令，一支

包括指挥员、司号员、卫生员在内的轻装小分队，箭一般地射向黄冈刘家集江边，分头登上了早已等候在此的三艘小船。夜色中三艘小木船依次张帆离岸，以“之”字形悄悄逆流行进，每只船头架着一挺轻机枪，指挥员在船头警惕地注视着前方江面和两岸，战士们紧握着手中武器伏靠在船沿上，随时准备投入战斗。

快到午夜时分，船行至阳逻水域，忽见离岸不远处的江面上有两个越来越大的黑影，借着星光，渐渐能清楚地看见是两艘炮口直指江心的军舰。怎么办？面对敌情，汤楚英同志经过冷静思考和权衡，想到此次的作战任务是机场而不是军舰，如袭击敌舰，即使成功，也会引起敌人的注意，给今后攻打敌人机场增加更大的难度。于是他坚定地对陈连长说：“闯过去，不到万不得已不准开枪。”陈连长低声下达了“做好战斗准备，没有命令，不准开枪”的命令。木船与敌舰平行时，战士们都屏住了呼吸，严密监视敌人动向。只见敌舰上除少许灯光外，连舰上传来的喝酒猜拳和男女打情骂俏的声音都听得一清二楚，就这样，小分队从敌人眼皮子底下过了阳逻。

在离青山机场约四里处，小分队及指战员迅速登岸，匍匐前进，进入阵地，由姜政委、陈连长和侦察员一起隐蔽前进，现场侦察敌情。汤总队长对整个战斗任务作了详细分工，各班和每个战士立刻将武器瞄准了各个目标。只听汤楚英同志一声“射击”刚喊出，机枪、步枪、手枪一起吼叫起来，机场顿时一片漆黑。紧接着响起了冲锋号，战士们勇猛地向敌人扑去，枪声和手榴弹声再次响起，敌人被突如其来的攻势打得晕头转向，乱成一团。陈连长带领战士们冲到一栋楼房前，大声喊道：“我们是新四军，缴枪不杀！”见房间里有个敌人顽抗，一扬手把手榴弹扔了进去，随后冲进房里，只见敌人死的死，伤的伤，乱滚乱叫着求饶。陈连长大声问道：“萧春庭在哪里？”突然从一个倒下的沙发后面蹿出一个穿日本军服的家伙朝后门跑去，刘班长大喝一声：“不许动，哪里跑！”敌人回头朝陈连长开了一枪，被陈连长闪过，顺势抬手一枪将敌人击毙，被俘的敌士兵说这是他们的陈副大队长。

前后不到二十五分钟，战斗结束，毙敌三人，俘七人，缴获手枪三支，步枪七支，活捉了萧春庭的小老婆，小分队无一伤亡，顺利地完成了突袭青山机场的任务。敌人做梦也没想到新四军武工队敢于打到防守严密的城边机场里，等敌人派出的增援部队赶到时，小分队已撤出了战斗，并且很快摆脱了敌人的追击，按照预定的作战计划，沿着来时的路线，于 23 日天亮前顺利返回了黄冈刘家集，然后到达鄂城的根据地。

这次战斗有力地挫败了驻武汉日军的气焰，一时间三镇的日军和汉奸胆战心惊，从 6 月 23 日起戒严一个星期。敌后抗日武装及人民群众受到了鼓舞。新四军五师把这次战斗情况上报到延安，中央为此专门印发了号外，给予了很高的评价。

“连心锁”的故事

文 / 姬晓曦

鲁二嫂的小儿子狗蛋儿刚吃饱饭，又嚷着要吃锅巴。鲁二嫂在狗蛋儿的屁股上拍了一巴掌：“捣蛋虫，自己铲去。”狗蛋儿来到灶边，站在椅子上铲起锅巴来。铲着铲着，狗蛋儿惊奇地叫起来：“妈妈，锅里有钱！妈妈，锅里有钱！”鲁二嫂闻声跑过去一看，果然不假，锅里真的有五块银圆。米饭锅里怎么会出银圆呢？这里有一段动人的故事。

1939年春节过后，李先念率领新四军独立游击大队，由信阳四望山出发，来到罗山县灵山，经地方党组织安排，住在同心寨鲁二忠家里。二忠是个普通农民，为人忠厚老实。二忠的妻子鲁二嫂也是穷人家姑娘，十分温柔贤惠。他俩得知李先念是从大别山走出的著名红军将领，这次重返大别山是为了竖起共产党在华中抗战的旗帜，恢复当年红军创建的根据地后，从心里把李先念当作久别的亲人，在生活上竭尽全力地照顾他。

李先念工作很繁忙，经常深夜才能回来。有一天，李先念又去开会，鲁二嫂便收拾了李先念换下的衣服拿到河边去洗。

初春时节，大地覆盖着冻硬的冰雪，空气仿佛变成了冰结的透明物，顺着灵山山沟淌下的小河水凝成了一面大镜子。鲁二嫂来到河边，蹲在一块青石板上，先用棒槌砸开冰层，然后搓洗起衣服来。洗到李先念的衬褂时，她发现衬褂破了好几个大窟窿，实在不能再穿了。鲁二嫂心想：李先念日夜奔波，衬褂破成这个样子还顾不上换件新的，真是把心全操在抗日救国上啦。这时她起了给李先念做件新衬褂的念头。回到家里，她把自己的想法告诉了丈夫，二忠也很赞成。但是家里分文没有，拿什么去买布呢？鲁二嫂让丈夫把自己出嫁时仅有的陪嫁——一对银手镯拿出去当卖，买来七

尺白布。心灵手巧的鲁二嫂，很快把衬褂做好了。

李先念再换衣服的时候，发现自己的破衬褂变成了一件崭新的白衬褂，心里犯起了嘀咕：鲁二忠家里这么穷，连顿白米饭都吃不上，饭里不是掺着马齿苋，就是掺着地菜皮。住在他家里，本来就给他们添了不少麻烦，再让他们给自己添衣服，实在过意不去。想到这里，李先念从兜里掏出五块银圆，让警卫员小刘给鲁二忠夫妇送去。可是，鲁二忠夫妇说什么也不肯收。

一个多月过去了，李先念按预定计划完成了在这里的工作任务，决定奔赴抗日前线。临走前，李先念又想起了房东给自己做衬褂的事。怎么办呢？明着给钱，他们决意不要，想来想去，李先念决定巧给。

这天，李先念把鲁二忠夫妇叫到跟前，操着浓重的湖北口音说："二忠啊，我在这里麻烦了你们这么长时间，没有什么可谢的，今天我带来了几斤大米，我们一起做顿白米干饭吃吧。"鲁二忠听了高兴地说："好哇，首长的心意我们领了，您把米给狗蛋儿他娘，让她做去，咱们唠叨唠叨。"李先念忙说："我看临走前还是让我做一次饭吧。"这时小狗蛋儿在一旁嚷开了："我要吃叔叔做的饭。"李先念上前抱起狗蛋儿，在他的小脸上亲了几下："好，我一定亲手做饭给狗蛋儿吃。"

李先念吩咐警卫员小刘去整理行装，自己开始做饭。他把五块银圆悄悄地放在锅底，下了米，就烧起火来。在殷红的灶火映衬下，李先念那一身灰布军装显得格外醒目，他眼睛也显得更加炯炯有神。

饭做好了，狗蛋儿兴高采烈地喊起来："开饭啰！开饭啰！"李先念和鲁二忠一家围着一个小圆桌，边吃边谈起来。李先念说"感谢这么长时间对我的照顾"，对衬褂的事却一字未提。吃了饭，鲁二忠夫妇依依不舍的为李先念送行。直到小狗蛋儿要吃锅巴，夫妇二人这才发现李先念给的衬褂钱。

鲁二嫂把五块银圆从锅巴上揭下来，拿到二忠面前。二忠一看有一块银圆上还刻有一行小字："请给鲁二嫂打对银手镯。"二忠笑着对妻子说："怪不得前天首长和我开玩笑说，'今后有了钱，别忘了给你的妻子打对银手镯'。"鲁二嫂望着丈夫，脸庞飞上两朵红晕，眼里淌出了激动的泪水。她说："首长整天操劳大事，还惦挂着这件小事，叫我怎么不感激呀！"说着，她紧握住二忠的手："狗蛋儿他爹，这银手镯我不要啦，你把这银圆拿去打一个'连心锁'给狗蛋儿戴上，让他记住首长的深情厚谊，长大为革命出把力。"鲁二忠接过妻子手里的银圆，看着妻子那激动的神情，心里热乎乎、甜滋滋的，情不自禁地说："狗蛋儿他娘，共产党和咱穷人真是心连着心啊！"

难忘的1945年春节

文/黄　平

我参加新四军后，在皖中和含地区工作。1943年至1945年9月间，我在含巢联络大站（对外叫兵站）主要从事敌工、情报和交通工作。含巢地区当时虽是一个辖有三个区的县级单位，但根据地范围比较狭小，周围日伪据点较多。县委驻地王大脑村是中心区，距日伪据点的清溪、保兴集、半汤、林头，淮南铁路的二桥、三桥、四桥、长岗集、东关、铜城庙、陶厂、粑粑店等地只有十多里，距离巢县县城也不过三十多里。清溪、半汤以北还有国民党顽固派武装二支队等，他们与日伪互相勾结，不断到我们边区骚扰。含巢根据地处在日伪顽三股势力的四面包围中，因此，做好敌工、情报和交通工作就显得更加重要，各级党组织对这一工作也很重视。1943年含巢联络大站建立时县委书记江文亲自兼任大站站长，含巢办事处主任（县长）杜少安、县大队大队长刘匀都经常到敌占区找敌伪关系人员谈话做工作。整个含巢地区的情报工作开展得卓有成效，日伪顽的活动我们基本上都能掌握。

1945年2月13日是农历大年初一，中国人对过年都非常重视。我们兵站的同志绝大多数都是本地人——我是含巢

人，我家离我们兵站驻地不到十里，我弟弟也在兵站工作，他负责敌伪和情报工作。负责交通和会计工作的郭太的家，和我家相距不到半里路，郭太的四哥也在兵站当通信员——当时为了便于开展工作，强调干部地方化，本地干部对地形、人情、社情都比较熟悉，特别是敌工和情报工作，必须利用各种社会关系，才能打开局面，掌握敌情。虽然许多同志都有回家过年的想法，但因为兵站工作任务的特殊性，大家都不能随便离开工作岗位。我们没有固定的作息时间，不管白天黑夜，只要有急快信件或人员来往要过封锁线，都得随到随送，特别情报更不能耽搁。此外，交通线还有一定保密性，也不能随便雇人代替。为了在过年期间稳定站内同志情绪，保证兵站工作的正常运行，我们就发动站内同志开展文娱活动。兵站二十多位同志绝大多数是二十岁左右的年轻小伙子，对组织文娱活动积极性很高，很快就到附近山上砍来一些木棍、小竹子，买来各式各样的彩色纸，做高跷、扎旱船和花挑子，忙得不亦乐乎。年前几天就开始学唱歌、排练，搞得热火朝天。我们兵站驻地大司村一些青年看到兵站同志准备过年玩灯，热热闹闹，他们也要求参加。开始是以我们兵站同志为主，他们参与，以后逐渐转为以大司村群众为主，我们参与。以群众为主之后，文娱队伍扩大了，活动内容也增多了，又增加了舞狮子、花轿、龙灯、敲锣鼓等节目。当时所唱的歌曲有民间传统小调，也有抗日歌曲，如高跷队即以唱抗日歌曲为主，当时唱的抗日歌曲的名字已想不起来了，歌词大意是：“挺进，挺进，我们是抗日的新四军，昨天我们还是老百姓，今天要拿起枪杆杀敌人。新四军不拿人民一针一线，新四军不失国家一寸土地，新四军誓把鬼子赶出国境……”还有“秋风起，秋风凉，民族战士上战场，上战场，我们在后方多做几件好衣裳，帮助战士打胜仗，打胜仗……”等抗日歌曲。

过春节时开始在兵站驻地表演，以后又到县委驻地和附近邻村表演，有的村群众还自发敲锣打鼓，放鞭炮欢迎、招待茶水。这样一活动，周围许多村庄的群众也纷纷组织起来玩灯。村庄大的人多，就独自组织一班灯；村子小的人少，便几个村子联合起来组织一班灯，整个含巢地区掀起了玩灯热潮，一到晚上，许多村就灯火辉煌，锣鼓喧天，爆竹声不断，热闹非凡，当时我们含巢根据地内还真有一种“太平盛世”的景象。

通过这一次的文娱活动，我们兵站没有请假回家过年的战士，保证了兵站工作正常运行，还进一步加深了军民之间的感情，密切了军民关系，鼓舞了我们根据地内人民群众对抗战胜利的信心。同时对当时的扩军和动员广大人民群众支援抗日活动起到一定的促进作用，如马永彩、张一仓等就是在这一年的春夏之间参加我们兵站工作的，不久即转到军队去了。

当时含巢县委领导对我们兵站这次文娱活动也很支持，并给予表扬。这一年的春节过得很好，也很高兴，使我至今记忆犹新，现在回忆起来还是觉得很有意义。

欠牛一头

文 / 许虔东

1945年10月，江南新四军奉命北撤，当部队撤至宜兴西洋渚时，上级指示留下部分干部成立中共苏浙皖边区特委和留守司令部，任命熊兆仁为司令员，陈立平为政委，倪南山为参谋长。当时司令部下属有千余兵力，主要任务是保卫苏浙皖边区的党组织和群众。新四军北撤后，国民党第一四五师、一四六师、新七师便立即从江西开来，配合“忠救军”“保安团”“还乡团”，大肆搜捕中共党员和抗日干部，“围剿”新四军留守部队。熊司令员率主力营由宜兴张渚向郎溪长乐转移时，遭敌四六师拦击，翌日到广德毕沟又遭敌合围，突围后再遭敌袭，部队大大减员，装备损失惨重，特委决定将人员一分为四行动，熊司令员率一个排几经转战与倪南山部会合。并决定留下一连坚持原地斗争，其余转至长兴、广德交界地运动。

长广交界处是深山林海，时值隆冬，大雪纷飞，部队无粮无药无御寒物资，处境艰险。战士们由于饥饿，浑身浮肿，许多人得了夜盲症。在极度困苦的境况下，熊司令员先杀了自己的战马，但也只能维持几天。

有一天，一位战士外出侦察时，在山沟发现了一头黄牛，四处寻觅不见放牛人，为保存部队的有生力量，熊司令员决定把这头牛杀来给大家充饥。说来也怪，患夜盲症的战士吃了牛肉和牛肝，眼睛就复明了。熊司令员说，今天我们是万不得已违反了群众纪律，不过我们大家要记住，等到打倒国民党反动派以后，我们定要加倍偿还。

后来留守部队在长兴人民的帮助下，度过了艰苦的日子，又重新活跃在苏浙皖边区，并日益扩大，支援了华中地区的游击战争，有力地配合了解放大军渡江作战。熊司令员一直惦记着还牛的事，但却一直未能找到那头牛确切的主人。

时过四十多年，熊司令员心中依然惦记着这头牛。1986年7月，熊司令员托人给长兴县委党史办写信，说他还欠着长兴人民一头牛的债，请无论如何帮助他找到这头牛的主人，他要加倍偿还。当地群众听说此事都激动地说：“新四军真不愧是人民的子弟兵！”

县长给我送月饼

文 / 陈英福

1945 年 8 月，我在新四军抗日根据地苏南一分区学员队受训。一天，指导员通知我参加工作队到高淳去执行任务。我们一行十余人，由田科长带队。那时我只有十六岁，第一次远离家乡，况且时近中秋节，“每逢佳节倍思亲”，当时我非常地想家。工作队横渡石臼湖时，坐在船上的男女同志，望着碧波荡漾的湖面，都唱起了歌：“天苍苍，水茫茫，石臼湖上是家乡……”坐在船头上的我，一直低头不语，闷闷不乐。

到高淳的第三天，就是中秋节。是夜，皓月当空，银光四射，高淳抗日民主政府机关的同志们与我们工作队一起欢度佳节。唯独我一人以头痛为由，躺在床上。我想家心切，蒙着被子流泪。忽听得有人走来，我抬头一看，啊！原来是高淳县县长和工作队团科长来看我。县长把月饼和菱角送到我床前，抚摸着我的前额，亲切地问道：“小同志，头痛吗？送你到医院去看看好吗？”一声问候，无限亲切。我这个山村里长大的新兵，从未见过大官，今天“县太爷”竟亲自给我送月饼了，我确实很感动。于是，我坦白：“首长我没生病，就是有点儿想家。”他们听了，发出一阵爽朗的笑声。县长握着我的手说：“小同志不要光想小家嘛，咱们革命队伍就是大家庭呀！我们刚参加革命时也老想家，现在都热爱这个大家庭了，你也会慢慢习惯的。”首长的关怀，温暖着我的心，我也不好意思再压床板了，一骨碌爬起来说：“首长放心，我也不想家了。”大家高兴地笑了起来。县长说：“你这个思想问题，是不打自通啊！”我心里想：是咱们人民军队官兵一致，亲如兄弟的情谊，感化了我的心，是革命大家庭的温暖，融化了我的思想疙瘩。

泰兴姑娘

文 / 陈志军

我发高烧被送进了医院。在迷迷糊糊中，我的手一次次地被来来回回拍打着。有时我觉得有片云在我的床边飘动着，一会儿飘来，一会儿又飘走了……后来烧退了，我见到了一位姑娘伫立在我的床边，我惊奇地发现她有一对闪烁着青春光彩的眸子，油亮的青丝被窗隙中的微风吹动着。询问之后，方知她是来自泰兴的护士姑娘。

泰兴姑娘的出现，使我想起六十多年前的一件往事，那时，我是部队的文化教员。1946 年春末的一天，天刚蒙蒙亮，通信员把我叫到营部去，营首长交给我一个紧急任务，要我把三名重病号送到团卫生队去。我带着病号走了一程又一程，过了一桥又一桥，终于到了团卫生队驻地。

当时情况十分危急，卫生队早已撤走。病号个个走得筋疲力尽，病痛难忍，有的由于过分疲劳，免疫力减弱，病情反而加重，都躺下不想走了。我也饿得浑身无力，满头虚汗，心情沉重。远方不时传来几声沉闷稀疏的枪声，情况十分紧急。就在这时，河中有条小船迎着我们划来。划船的是位少女，上了岸，她问起我们的情由，我也将情况如实地向她做了介绍。她一面静静地听着，一面警惕地审视着我们，并不时地询问我们是哪个部队的，部队首长的姓名以及以前来过这里没有等等……经过她一番详细而周密的“审问”，她确定我们确是“四老爷”（这是当时当地群众对新四军的尊称）无疑了，就把我们带到了她的家。恰巧，她家还有一锅山芋粥，正缓缓地冒着热气。我们一边狼吞虎咽，一边听她讲述当前的敌情。终于肚子填饱了，病号的情绪也缓和多了。饭后我们又按指定方向，向第二个目标进发。

她动作麻利地利用小船把我们送到了河对面，上岸后千叮咛万嘱咐地让我们务必小心。当我们转身与她告别时，她已摇着小船轻盈地划向对岸，只见她颀长的身材，一条乌黑油亮的长辫，一束红绒绳紧扎在发梢……多美丽而又热心的少女呀！可惜，当时因为情况紧迫，连她的姓名和真实身份都没来得及询问。

事情过去已经六十多个年头，但那段往事却历历在目。泰兴地区的人民，泰兴姑娘的革命情谊、真挚娇美的形象都叫人难以忘怀。泰兴人民对我们新四军的情和爱，将永远流淌在我们心田里，永不停息……